AF648348

Grundlegende Ess- und Ernährungsgewohnheiten werden maßgeblich in den ersten Lebensjahren sowohl durch das Elternhaus als auch in der Kita oder Tagespflege geprägt. In der pädagogischen Arbeit ist das gemeinsame Essen elementarer Bestandteil des Tagesablaufs. Wiederkehrende Rituale und Abläufe bieten den Jüngsten einen strukturellen Rahmen, in dem sie die zentralen Aspekte einer gesunden Ernährung sowie eine positive Esskultur erfahren. Zudem sind Kinder in der Gemeinschaft der Kita oftmals offener und experimentierfreudiger als zu Hause. Das ermöglicht es pädagogischen Fachkräften, Gerichte anzubieten, die den Mädchen und Jungen vielfältige und neue Geschmackserlebnisse bieten. Der Austausch mit den Eltern ist hierbei sehr wichtig, um bspw. Allergien und Unverträglichkeiten sowie kulturspezifische Aspekte berücksichtigen zu können.

Ziel der Ernährungsbildung ist es auch, den Kindern einen bewussten Umgang mit Nahrungsmitteln näherzubringen, sie an Tischsitten heranzuführen und ihr Körpergefühl zu stärken: Bin ich hungrig oder satt?

Vor allem aber können Fachkräfte ihre U3-Kinder dabei unterstützen, im eigenen Tempo und ohne Druck ein gesundes Essverhalten zu entwickeln – mit spielerischen Ideen für die Essenszubereitung, mit ermutigenden Worten und ausreichend Geduld.

Haben Sie viel Freude bei der Lektüre dieses Themenheftes sowie zahlreiche genussvolle Momente mit den Jüngsten!

Herzliche Grüße

Ulrike Fetzer

Ulrike Fetzer,
Chefredakteurin

Fotos: Harald Neumann

VI. MIT KLEINSTKINDERN BACKEN & KOCHEN

VII. KULTURSENSIBEL, NACHHALTIG, FLEISCHLOS

VIII. MEDIENTIPPS

U3-Glossar

Alle in diesem Themenheft orange hinterlegten Fachbegriffe finden Sie in unserem U3-Glossar auf *www.kleinstkinder.de*

I. GESUNDE ERNÄHRUNG IN KITA & TAGESPFLEGE

Essen für die Jüngsten

Bei der professionellen Verpflegung von Kleinstkindern gibt es einiges zu beachten: Was macht eine gesundheitsfördernde Ernährung für die Jüngsten aus? Wie können Mahlzeiten an die Entwicklung angepasst und organisiert werden?

1. Die Rolle der Kindertageseinrichtungen

Jedes Kind kommt mit seiner eigenen Essbiografie, die durch viele kulturelle, religiöse und soziale Bedingungen geprägt ist, in die Kita oder Tagespflege. Da die Mädchen und Jungen dort häufig erstmals ihren Erfahrungshorizont über den familiären Kontext hinaus erweitern, wirkt sich die Kindertagesbetreuung entscheidend auf die Entwicklung ihrer Essgewohnheiten aus. Pädagogische Fachkräfte haben dabei die große Chance, Kleinkinder an einen selbstbestimmten, gesunden und nachhaltigen Umgang mit Lebensmitteln heranzuführen. Über das Gelingen entscheiden zwei Faktoren: ein gesundheitsförderndes und abwechslungsreiches Speisenangebot sowie ein pädagogischer, struktureller Rahmen, in dem Kinder die zentralen Aspekte einer gesunden Ernährung entwicklungsgerecht lernen können.

2. Essen & Trinken im 1. Lebensjahr

Im ersten Lebensjahr verändern sich die Essfertigkeiten, die (mund-)motorischen Fähigkeiten sowie Kau-, Schluck- und Verdauungsleistungen enorm. Die Entwicklung im ersten Lebensjahr wird durch eine an den Bedürfnissen des Kindes orientierte Nahrung gefördert. Es lassen sich drei Phasen anhand der Art der Nahrung ausmachen (Koletzko et al. 2016):

- **Im ersten Lebenshalbjahr** sollen Säuglinge gestillt werden, mindestens bis zum Beginn des 5. Lebensmonats ausschließlich. Werden sie nicht gestillt, erhalten sie alternativ Säuglingsanfangsnahrung.
- **Die Beikostphase** beginnt frühestens ab dem 5. Monat und spätestens ab dem 7. Lebensmonat. Je nach Entwicklungsstand variiert die Art des Breis. Das Weiterstillen wird ausdrücklich empfohlen.
- **Die Übergangs- und Gewöhnungsphase** in die Familien- bzw. Kita-Kost findet ab dem 10. bis zum 12. Lebensmonat statt.

Die nachfolgend zusammengefasst dargestellten Ernährungsempfehlungen basieren auf den Handlungsempfehlungen des Netzwerks *Gesund ins Leben* zur Ernährung und Bewegung von Säuglingen (Koletzko et al. 2016).

Mit Muttermilch versorgt werden

In den ersten Lebensmonaten ist für einen Säugling das Stillen die natürliche Ernährung. Denn Muttermilch enthält notwendige Nährstoffe in passender Qualität und Menge, die ein Baby für das gesunde Aufwachsen braucht. So enthält sie u. a. Stoffe, die sich positiv auf das Immunsystem des Kindes auswirken. Säuglinge sollen im ersten Lebenshalbjahr gestillt werden, mindestens bis zum Beginn des 5. Monats ausschließlich. Das heißt, für das Kind sind andere Nahrungsmittel oder Getränke nicht notwendig (Koletzko et al. 2016).

Industriell hergestellte Säuglingsanfangsnahrung

Wenn die Verpflegung des Kindes nicht über Stillen oder mit abgepumpter Muttermilch erfolgt, eignet sich industriell hergestellte Säuglingsanfangsnahrung, die als Flaschenmilch zubereitet wird. Ihre Nährstoffzusammensetzung ist gesetzlich geregelt, sodass die bedarfsgerechte Versorgung des Kindes sichergestellt ist. Zwei Arten lassen sich dabei unterscheiden (Koletzko et al. 2016):

- Pre-Nahrung kommt in der Zusammensetzung der Nährstoffe der Muttermilch am nächsten und enthält nur Milchzucker (Laktose) als Kohlenhydrat.
- 1er-Nahrung können zusätzliche Kohlenhydrate wie geringe Mengen von Stärke zugesetzt sein. Der Energiegehalt entspricht dem der Pre-Nahrung.

Beide eignen sich gleichermaßen für die Ernährung des Säuglings im gesamten ersten Lebensjahr. Säuglings(milch)nahrung darf allerdings nie selbst (z.B. aus Kuhmilch oder auf Sojabasis) hergestellt werden, da damit ein hohes Risiko für eine Fehlernährung einhergeht (Koletzko et al. 2016, Deutsche Gesellschaft für Ernährung 2019a).

Umgang mit Mutter- und Säuglings(milch)nahrung

Sowohl die Versorgung mit Muttermilch als auch mit industriell hergestellter Säuglingsanfangsnahrung lässt sich in Einrichtungen meist gut umsetzen. So bietet etwa ein ruhiger Platz Müttern tagsüber die Gelegenheit, ihr Kind vor Ort zu stillen. Wenn Eltern und Fachkräfte gemeinsam auf einen hygienischen Umgang achten, kann das Kind auch mit abgepumpter Muttermilch versorgt werden. Gerade Muttermilch ist jedoch ein sehr empfindliches und leicht verderbliches Produkt. Daher ist es wichtig, Hygieneleitlinien mit den Eltern zu besprechen und diese ggf. schriftlich als Elterninfo festzuhalten (Deutsche Gesellschaft für Ernährung 2019a). Eine hygienische Aufbewahrung der Milch sowie der einwandfreie Ablauf bis zur Fütterung sind wichtig (s. ÜBERSICHT). Flaschenmilch darf immer erst unmittelbar vor dem Füttern zubereitet werden. In der Praxis hat es sich darum bewährt, dass Eltern die Säuglingsnahrung als Pulver in die Einrichtung mitbringen und die Flaschen vor Ort frisch zubereitet werden (VNS NRW). Die Merkblätter des *Bundesinstituts für Risikobewertung (BfR)* und *Die Leitlinie für eine gute Lebensmittelhygienepraxis in der Kindertagespflege* vom *Bundesverband für Kindertagespflege* unterstützen Fachkräfte, die hohen hygienischen Anforderungen an den Umgang mit Mutter- und Säuglings(milch)nahrung zu erfüllen. Bei weiteren Fragen ist das zuständige Lebensmittelüberwachungsamt hilfreicher Ansprechpartner.

ÜBERSICHT

Ablauf der Gewinnung & Behandlung von Muttermilch für die Abgabe in der Kita

Abpumpen

↓

Abfüllen
in saubere Babymilchflaschen und diese wischfest beschriften

↓

Aufbewahrung
im Kühlschrank bei max. +5 °C oder im Tiefkühlgerät bei –18 °C bis –22 °C

↓

Transport
zur Kita in Kühltasche mit Kühlakkus

↓

Aufbewahren und Verfüttern in der Kita

↓

Reinigung der vorgespülten Flaschen, Deckel, Sauger
– in der Spülmaschine bei 65 °C oder
– von Hand mit Warmwasser und Spülmittel
– ggf. zusätzlich entkeimen

Quelle: Nationale Stillkommission/Bundesinstitut für Risikobewertung (2017)

Füttern als Beziehungspflege

Wie oft ein Säugling gefüttert werden sollte, wie lange das Füttern dauert und wie viel er trinkt, hängt von seinem individuellen Bedarf ab. Als enge Bezugsperson kennt die pädagogische Fachkraft die Signale wie Hunger, die Bereitschaft zum Essen oder die Sättigung des Kindes meist sehr gut. Wendet sich das Kind bspw. von der Flasche ab, kann dies ein Zeichen dafür sein, dass es satt ist – auch wenn die Mahlzeit gerade erst begonnen hat oder die Flasche noch nicht leer ist. Dieses Wissen

ÜBERSICHT

Anforderungen an die Aufbewahrung von Muttermilch im Privathaushalt

Zustand der Muttermilch	Lagertemperatur (°C)	Lagerfrist	Bemerkungen
frisch	< +5	maximal 3 Tage	Vor dem Transport kühlen und Kühlkette nicht unterbrechen
aufgetaut	< +5	24 Stunden	Vor dem Auftauen mit Verwendungsfrist kennzeichnen und nicht erneut einfrieren
gefroren	–18 bis –22	maximal 6 Monate	Nach dem Auftauen innerhalb von 24 Stunden verfüttern und nicht erneut einfrieren

Ablauf zum Verfüttern von Muttermilch in der Kita (an das eigene Kind)

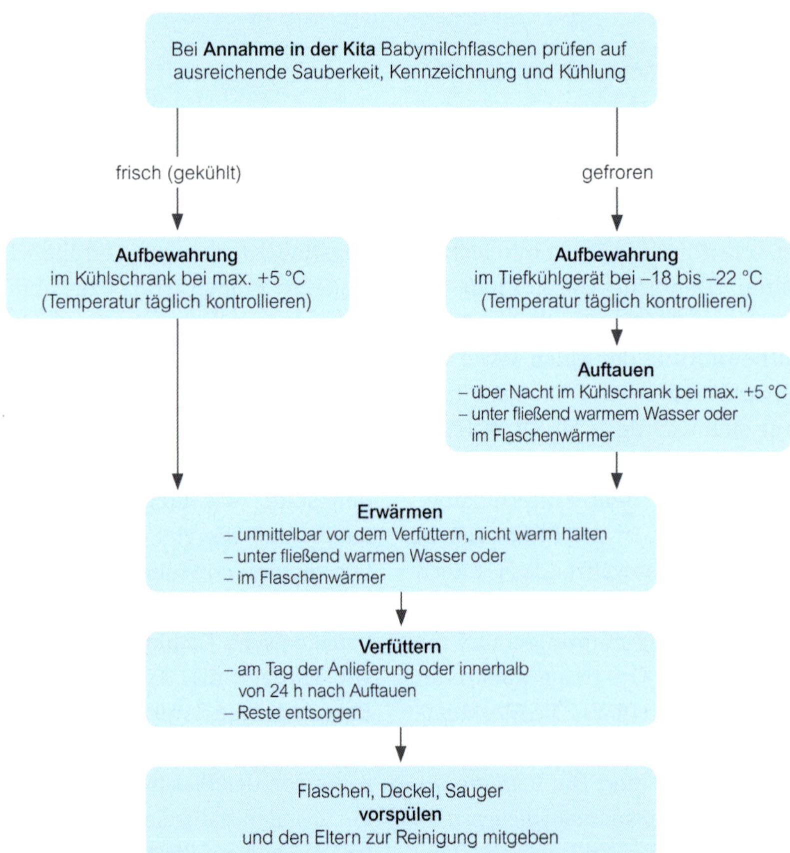

Quelle: Nationale Stillkommission/Bundesinstitut für Risikobewertung (2017)

ist wichtig, um Säuglinge bedarfsgerecht zu versorgen und z.B. eine Überfütterung zu vermeiden, die das Risiko für ein späteres Übergewicht erhöht (Koletzko et al. 2016). Die Füttersituation ist auch Beziehungszeit, in der das Kind Nähe und Zuwendung erfährt, die für seine Entwicklung wichtig sind.

Fahrplan für die Beikost

Frühestens ab dem 5. und spätestens ab dem 7. Lebensmonat wird der Speiseplan des Kindes um Breimahlzeiten erweitert. Wann genau der richtige Moment für den Einstieg ist, signalisiert das Kind selbst, z.B. indem es sich sehr für das Essen anderer Kinder interessiert, den Kopf allein halten und mit Hilfe aufrecht sitzen kann sowie den Brei nicht mehr mit der Zunge aus dem Mund schiebt. Im Abstand von etwa einem Monat kommt eine Breimahlzeit hinzu. Brei und Muttermilch/Säuglingsanfangsnahrung decken den Energie- und Nährstoffbedarf des Kindes. Mit dieser langsamen Umstellung kann sich das Kind an neue Geschmäcker und andere Konsistenzen gewöhnen. Den Anfang macht ein Brei aus Gemüse, Kartoffeln und Fleisch (oder Fisch) zum Mittagessen (Grundrezept inkl. Portionsgrößen s. PRAXISTIPP). Einen Monat später kann abends der Milch-Getreide-Brei eingeführt werden, wieder einen Monat später der Getreide-Obst-Brei am Nachmittag (s. ÜBERSICHT S. 9).

Frisch oder aus dem Gläschen

Ob die Breimahlzeiten in der Kita oder Kindertagespflege frisch gekocht werden können, hängt vor allem von den strukturellen Voraussetzungen ab. Bei ausreichenden personellen und zeitlichen Ressourcen sowie entsprechendem Küchenequipment ist dies möglich. Der Zeitbedarf ist abhängig von der Anzahl der zu versorgenden Säuglinge. Breie als Fertigprodukte stellen eine gute Alternative dar. Sowohl bei selbst zubereiteter Beikost als auch bei Fertigbreien sollten Fachkräfte jedoch darauf achten, dass die Inhaltsstoffe dem Alter des Kindes entsprechen. Zusätze von Salz, Gewürzen, Zucker oder Zuckerarten, Aromen oder Zutaten wie Kakao, Schokolade, Nüsse o. Ä. sind nicht empfehlenswert.

Der Obst-Getreide-Brei sollte darüber hinaus keine Milch oder Milchprodukte enthalten, weil diese die Eisenaufnahme stören (Methfessel et al. 2016).

Bringen Eltern Fertigbrei in Kita oder Tagespflege mit, haben Fachkräfte die Aufgabe, auf geeignete Breie in der beschriebenen Zusammensetzung der Lebensmittel zu achten. Da die Einrichtung mit der Annahme die Verantwortung für die hygienische Qualität übernimmt, sollte sie nur ungeöffnete Gläschen akzeptieren.

Baby- und Kleinkindnahrung darf zudem weder warm gehalten noch eingefroren oder erneut aufgewärmt werden (Deutscher Caritasverband/Diakonie Deutschland 2009). Daher dürfen Eltern keine selbst gemachten Breie in die Einrichtung mitgeben.

Die Breikost muss also entweder direkt vor dem Füttern in der Einrichtung frisch gekocht oder die benötigte Portion aus einem Gläschen entnommen und erhitzt werden. Für das Erhitzen sind die Zubereitungshinweise der Hersteller zu beachten. Geöffnete Gläschen sollten im Kühlschrank maximal einen Tag aufbewahrt werden (Deutscher Caritasverband/Diakonie Deutschland 2009). Einrichtungen können die Eltern bitten, etwa eine Wochenration als Gläschenkost für ihr Kind mitzubringen, damit Kennzeichnungs- und Kontrollaufwand sowie Lagerkapazität überschaubar bleiben (VNS NRW).

PRAXISTIPP

Gemüse-Kartoffel-Fleisch-Brei

Für eine Portion — **Grundrezept**

100 g	Gemüse (z. B. Blumenkohl, Karotte, Zucchini)
50 g	Kartoffeln
30 g	mageres Fleisch (z. B. Rind, Schwein, Lamm, Geflügel)
1 EL	Rapsöl
1 ½ EL	Fruchtsaft (oder Obstpüree als Nachtisch)

Zubereitung

1. Gemüse putzen und Kartoffeln schälen, in kleine Stücke schneiden.

2. Mit klein geschnittenem Fleisch in wenig Wasser garen (ca. 10 Minuten).

3. Mit dem Saft zusammen pürieren.

4. Rapsöl unterrühren. Ist der Brei zu fest, etwas Wasser zugeben.

© BLE, www.netzwerk-gesund-ins-leben.de

ÜBERSICHT

Beikost-Fahrplan

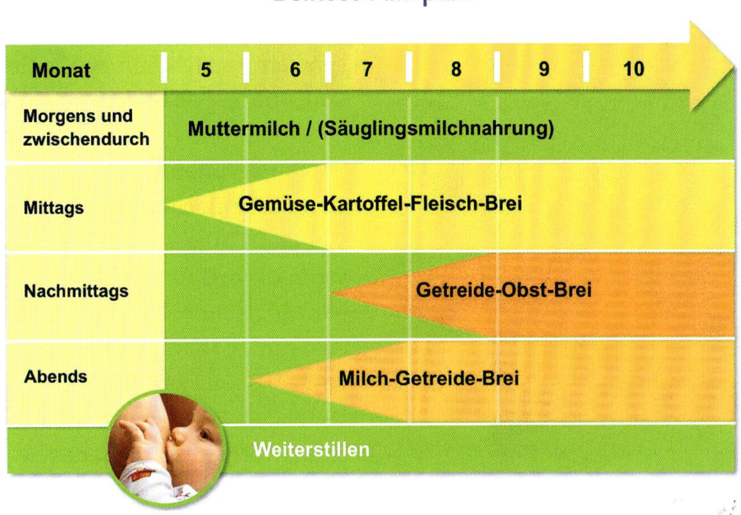

© BLE, www.netzwerk-gesund-ins-leben.de

Übergang zur Familien- bzw. Kita-Kost

Etwa ab dem 10. bis 12. Lebensmonat geht die Beikost in die Familien- bzw. Kita-Kost über. Abhängig von der Entwicklung des Kindes und von seiner Aufgeschlossenheit für neue Geschmackseindrücke kann der Brei dabei nach und nach durch Speisen wie z. B. eine Brotmahlzeit mit Vollmilch ersetzt werden. Auch weich gekochte, aber stückige Mahlzeiten eignen sich. Wasser und andere Getränke werden aus einem Becher oder einer Tasse angeboten. Kinder sind in dieser Phase beim Essen und Trinken noch auf Hilfe angewiesen. Der Umgang mit Besteck wird erst erlernt. Kinder sollten auch mit den Fingern essen dürfen, um Lebensmittel mit allen Sinnen kennenzulernen. Positive Lernerfahrungen entstehen, wenn Kinder selbst entscheiden können, ob und wie viel sie essen. In dieser Übergangsphase hilft es, die Kinder an den üblichen Tischmahlzeiten in Kita oder Tagespflege teilnehmen zu lassen, sodass sie langsam mit der Mahlzeitenabfolge aus Haupt- und Zwischenmahlzeiten vertraut werden (Methfessel et al. 2016).

Kinder entscheiden selbst, wie viel sie essen

3. Essen & Trinken für Kinder von 1 bis 3 Jahren

Generell ist bei Kleinkindern ab einem Jahr auf ein vielfältiges Lebensmittelangebot zu achten. Wie sich dies praxisnah in Kita und Tagespflege umsetzen lässt, zeigen die nachfolgenden Empfehlungen. Diese basieren auf den *Handlungsempfehlungen Ernährung und Bewegung im Kleinkindalter* des Netzwerks *Gesund ins Leben* (Koletzko 2013) und dem *Qualitätsstandard für die Verpflegung in Kitas* der *Deutschen Gesellschaft für Ernährung* (Deutsche Gesellschaft für Ernährung 2020).

Reichlich – mäßig – sparsam

Eine ausgewogene und bedarfsgerechte Ernährung für Kleinkinder lässt sich in Bezug auf die Lebensmittelgruppen zunächst so charakterisieren: reichlich – mäßig – sparsam. Getränke, Getreide(produkte), Kartoffeln, Gemüse und Obst sind die Lebensmittelgruppen, von denen Kinder reichlich essen können und sollen. Tierische Lebensmittel wie Milch und Milchprodukte, Fleisch, Fisch und Eier sollten mäßig verzehrt werden. Aufgrund der hohen Energiedichte gehören Süßigkeiten, Snacks und auch Fette (z. B. Margarine) und Öle zu den Lebensmitteln, die Kinder nur sparsam zu sich nehmen sollten (s. ÜBERSICHT S. 11).

Portionsgrößen beim Essen

Zum Essenlernen gehört, auf die eigenen Hunger- und Sättigungssignale vertrauen zu lernen. Für pädagogisches Personal bedeutet das, die Individualität des Kindes beim Essen zu berücksichtigen. Unter der Voraussetzung, dass den Kindern ein ausgewogenes Lebensmittelangebot zur Verfügung steht und sich dieses an den oben genannten Empfehlungen orientiert, können bereits die Jüngsten selbst bestimmen, wann und wovon sie essen (s. ÜBERSICHT S. 11). Eine Reglementierung von Portionsgrößen nach dem Motto „Teller leer essen" kann zu problematischem Essverhalten und Überessen führen, weil Kinder ihre inneren Signale mit äußeren Vorgaben überlagern. Wenn Kinder trotz ermutigender Worte nicht (weiter-)essen möchten, ist die Mahlzeit als beendet anzusehen.

Erst wenn auffälliges Essverhalten andauert und die Kinder sich schwach und antriebslos zeigen oder sich das Gewicht unverhältnismäßig verändert, muss das Gespräch mit den Eltern gesucht werden, um einen Besuch beim Kinderarzt anzuregen.

Vorsicht bei bestimmten Lebensmitteln

Obwohl Kinder mit etwa einem Jahr fast jedes Lebensmittel essen können, sollten Fachkräfte darauf achten, nur entwicklungsgerechte Speisen anzubieten. Um feste Lebensmittel kauen zu können, müssen die Mädchen und Jungen bereits eine gute Kaufähigkeit erlangt haben und über einen entsprechenden Zahnstatus verfügen. Auch besteht in der Kleinkindzeit eine erhöhte Gefahr des Verschluckens (Aspirationsrisiko). Da kleine, harte Lebensmittel (in Erdnussgröße) leicht verschluckt werden können, sollten Fachkräfte z. B. keine ganzen Nüsse, kleinen Trauben, Rosinen oder kleinen rohen Karottenstücke anbieten. Selbst eine harte Brotrinde ist anfangs häufig schwer zu kauen. Der Geschmackssinn kleiner Kinder ist noch unverfälscht und entwickelt sich erst im Laufe des Aufwachsens. Daher nehmen die Jüngsten Würzungen besonders intensiv wahr. Empfohlen ist der sehr sparsame Umgang mit Salz (bevorzugt Jodsalz).

4. Mahlzeitenplanung im Betreuungsalltag

Damit Kinder ihren Energie- und Nährstoffbedarf decken können, empfiehlt es sich, dass sie möglichst über den Tag verteilt ca. fünf Mahlzeiten essen. Üblicherweise sind das drei Haupt- und zwei kleinere Zwischenmahlzeiten. Dazwischen sind essensfreie Zeiten von etwa zwei bis drei Stunden auch in der Betreuungseinrichtung angeraten. Wasser trinken dürfen die Kinder immer. Die Teilhabe an den Mahlzeiten sollte die Kita auch Kindern mit einer Lebensmittel-Allergie oder -Unverträglichkeit ermöglichen (s. INFO S. 12).

Frühstück

Ein ausgewogenes Frühstück – dazu zählt auch das Essen in mitgebrachten Brotboxen – besteht aus vier Komponenten:

- Getreide (z.B. Vollkornbrot, Getreideflocken, ungezuckertes Müsli)
- Milch und Milchprodukt (z.B. Joghurt, Milch, Käse)

ÜBERSICHT

Lebensmittelgruppen, Bedeutung für die Nährstoffversorgung und Empfehlungen zur Auswahl

Lebensmittelgruppe	Nährstoffe	Bevorzugt auswählen	Besondere Hinweise
Reichlich			
Getränke (ungesüßt/zuckerfrei)	Wasser	Trinkwasser (Leitungswasser), Mineralwasser, ungesüßte Kräuter- und Früchtetees	Kräuter- und Früchtetees nicht ausschließlich anbieten und Sorten wechseln
Gemüse und Obst	Provitamin A, Folat, Vitamin C, Kalium, Magnesium, Ballaststoffe	Alle Gemüse- und Obstarten, Hülsenfrüchte und Salat	Gemüse fettarm zubereiten, roh und gegart; Obst am besten roh Sprossen und Tiefkühlbeeren nur nach intensiver Erhitzung
Getreideprodukte und Kartoffeln	Vitamin B1, Magnesium, Ballaststoffe (Vollkornprodukte)	Vollkornprodukte mehrmals täglich, Brot aus fein gemahlenem Vollkornmehl	Kein Brot mit ganzen oder zerkleinerten Nüssen (Aspirationsgefahr) Wenig frittierte und andere fettreiche Kartoffelzubereitungen (Pommes frites, Reibekuchen)
Mäßig			
Milch und Milchprodukte	Eiweiß, Calcium, Jod, Vitamin B2, Vitamin B12	Pasteurisierte und hoch erhitzte fettarme Milch und Milchprodukte (1,5 % Fett) und Käse unter 50 % Fett i. Tr.	Keine Rohmilch und Rohmilchprodukte Wenn noch gestillt wird, ersetzt Muttermilch einen Teil der Milch und Milchprodukte
Fleisch, Wurst, Fisch, Ei	Eiweiß, Vitamin B1, Vitamin B6, Vitamin B12, Niacin, Biotin, Eisen, Zink Meeresfisch: Vitamin D, Jod, langkettige Omega-3-Fettsäuren (fettreiche Arten)	Magere Fleischstücke, fettarme Wurstsorten, Fischfilet ohne Gräten (fettarme und fettreiche Meeresfische)	Fleisch, Fisch und Ei immer gut durcherhitzen Keine Rohwurst Wenig fettreiche Zubereitungen (z.B. Paniertes und Frittiertes)
Sparsam			
„Feste" Fette (Fette mit hohem Anteil an gesättigten Fettsäuren)	Fett		Pflanzliche Öle (z.B. Rapsöl) bevorzugt verwenden (Omega-3- und Omega-6-Fettsäuren)
Süßigkeiten, süße Getränke, süße Backwaren, Snackprodukte			

Quelle: BLE: Ernährung und Bewegung im Kleinkindalter. Handlungsempfehlungen des Netzwerks Gesund ins Leben, 2013

- Gemüse und/oder Obst, am besten als Rohkost (z.B. Salatgurke, Paprika, Apfel)
- Getränk (z.B. Trink- oder Mineralwasser, ungesüßter Kräuter- oder Früchtetee)

Wie umfangreich das Angebot ausfällt und wie viel die Kinder essen, hängt davon ab, ob und welche Menge sie schon zu Hause gefrühstückt haben. Hier ist es hilfreich, das Gespräch mit den Eltern zu suchen.

Mittagessen
Zur Mittagszeit bekommen Kleinkinder i. d. R. eine warme Hauptmahlzeit. Dass sie evtl. abends gemeinsam mit der Familie nochmals warm essen, spielt keine Rolle. Entscheidend ist lediglich die Energie- und Nährstoffbilanz, die durch die Auswahl der Lebensmittel bestimmt wird. Der *DGE-Qualitätsstandard für die Verpflegung in Kitas* empfiehlt für das Mittagessen folgende Angebotshäufigkeiten innerhalb von fünf Verpflegungstagen (Deutsche Gesellschaft für Ernährung 2019b):

- 5 x Getreide, Getreideprodukte oder Kartoffeln; davon mindestens 1 x Vollkornprodukte und maximal 1 x Kartoffelerzeugnisse,
- 5 x Gemüse, davon mindestens 2 x Rohkost und mindestens 1 x Hülsenfrüchte,
- mindestens 2 x Obst, davon mindestens 1 x Stückobst,
- mindestens 2 x Milch oder Milchprodukte,
- maximal 1 x Fleisch/Wurst, davon mindestens 2 x mageres Muskelfleisch innerhalb von 20 Verpflegungstagen,
- 1 x Fisch, davon mindestens 2 x fettreicher Fisch innerhalb von 20 Verpflegungstagen,
- Getränke sind jederzeit verfügbar.

Möglich ist auch ein ovo-lacto-vegetarisches Angebot ohne Fleisch oder Fisch. Der aufgeführte Speiseplan für fünf Verpflegungstage (s. ÜBERSICHT) zeigt den Einsatz der Lebensmittelgruppen exemplarisch. Alle Rezepte dafür sind in der *Fitkid*-Rezeptdatenbank zu finden.

Zwischenmahlzeit
Die Zwischenmahlzeit überbrückt die Zeit zwischen Mittag- und Abendessen. Wie umfangreich sie ausfällt, hängt davon ab, ob die Mittagsmahlzeit gehaltvoll oder eher leicht war. Idealerweise besteht der Snack aus Obst- und/oder Gemüserohkost, Vollkornprodukten (z.B. Knäckebrot oder Getreidestangen zum Knabbern) und Trink- oder Mineralwasser.

5. Handlungsrahmen für Gesundheitsförderung & Ernährungsbildung

Kinder zu einem gesundheitsförderlichen und nachhaltigen Lebensstil zu motivieren und zu befähigen, ist Teil des Bildungsauftrags von Kinderbetreuungseinrichtungen. Der „Bildungsort Mahlzeit“ bietet hier vielfältige Potenziale, denn am Esstisch entwickelt sich die Basis für das spätere Ernährungsverhalten. Wie können pädagogische Fachkräfte dies umsetzen?

Anlaufstellen & Unterstützung
Wertvolle Hilfe bei den Herausforderungen des (Verpflegungs-)Alltags bieten wissenschaftsbasierte Empfehlungen wie der *DGE-Qualitätsstandard für die Verpflegung in Kitas* und die *Handlungsempfehlungen für Säuglinge und Kleinkinder* des Netzwerks *Gesund ins Leben*. Auch praxisorientierte Fortbildungen kön-

INFO

Lebensmittelallergien & -unverträglichkeiten

Auch wenn Eltern immer häufiger angeben, dass ihr Kind bestimmte Lebensmittel nicht verträgt, liegt dem nicht immer eine ärztlich diagnostizierte Allergie oder Unverträglichkeit zugrunde. Tatsächlich kommen diese seltener vor, als Eltern vermuten. Aus diesem Grund hat das Netzwerk *Gesund ins Leben* ein Formular entwickelt, das bei der Gestaltung des (Verpflegungs-)Alltags in Kita und Kindertagespflege unterstützt. Das gibt allen Beteiligten mehr Sicherheit. Das Formular und der Begleittext sind kostenlos erhältlich unter *www.ble-medienservice.de*

ÜBERSICHT

Wochenplan für das Mittagessen

Wochentag	Menü
Montag	Überbackenes Fischfilet mit Tomaten-Zucchini-Füllung und Kartoffelpüree
Dienstag	Rotes Linsengemüse (rote Linsen, Karotten, Pastinake) mit Spätzle, Mandarinen-Eisbergsalat
Mittwoch	Kartoffel-Gemüse-Hackauflauf (Kohlrabi, Erbsen, Rinder-Schweine-Hackfleisch), Gurkensalat
Donnerstag	Vollkornnudeleintopf mit Paprika, Möhren und Mais Rote Grütze (Brombeeren, Johannisbeeren, Erdbeeren)
Freitag	Spinat-Reis-Auflauf Apfel

Quelle: *Fitkid* – Nährstoffoptimierter Wochenspeiseplan für 1- bis 3-Jährige. Deutsche Gesellschaft für Ernährung

nen helfen, Veränderungsbedarf in Kita oder Kindertagespflege zu identifizieren und das Qualitätsverständnis weiterzuentwickeln. Die *Vernetzungsstellen Kitaverpflegung* unterstützen in 13 Bundesländern vor Ort (*www.nqz.de/vernetzungsstellen/vernetzungsstellen-kitaverpflegung/*). Beim *NQZ* finden sich außerdem Praxisbeispiele sowie weitere Arbeitshilfen (s. INFO).

Professionelle Haltung

Beim Ernährungslernen kommt den pädagogischen Fachkräften als engen Bezugspersonen der Kinder eine Schlüsselrolle zu. Ihre Vorbildfunktion ist essenziell, weil Kinder dadurch auch Orientierung erfahren. Wichtig ist daher, die eigene Einstellung zum Essen vom professionellen Selbstverständnis zu unterscheiden (Methfessel et al. 2016). Dazu gehört, zwischen persönlich-privaten und professionellen Haltungen zu Ernährungsthemen zu differenzieren und die eigene Rolle beim Füttern und der Mahlzeitenbegleitung zu finden. Auch hier bieten wissenschaftliche Empfehlungen Unterstützung.

Qualität entwickeln

Ein Verpflegungskonzept in Kita und Kindertagespflege bildet eine gute Basis für die Gestaltung der Mahlzeiten (s. Kapitel II). So kann das Team für Fragen, die sich zum Umgang mit den Mädchen und Jungen beim Essen ergeben, Regeln finden, die allen Sicherheit geben. Das steckt auch einen Rahmen für die partnerschaftliche Zusammenarbeit mit den Eltern und unterstützt die Abstimmungsprozesse mit ihnen. Um Veränderungen möglichst kleinschrittig anzugehen, zu prüfen und zu bewerten, eignen sich Fragen wie „Gehen wir beim Essen wertschätzend miteinander um?" oder „Sind neue Geschmackserlebnisse möglich?" (Methfessel et al. 2016). Denn es geht nicht darum, Lebensmittel in gesund oder ungesund zu unterteilen. Vielmehr soll sich jedes ernährungspädagogische Handeln an den übergeordneten Zielen der Persönlichkeitsbildung, Gesundheitsförderung und der Nachhaltigkeit ausrichten. Qualitätsentwicklung gelingt daher nur mit Professionalität auf allen Ebenen. Entscheidend ist, alle Beteiligten für eine gesundheitsfördernde Ernährung und Ernährungsbildung zu sensibilisieren und sich für diesen Prozess zu engagieren.

INFO

Das *Nationale Qualitätszentrum für Ernährung in Kita und Schule (NQZ)*

Das *NQZ* wurde 2016 als nationaler Partner der *Vernetzungsstellen Kita- und Schulverpflegung* eingerichtet. Mit Dienstsitz Berlin ist das *NQZ* Teil des *Bundeszentrums für Ernährung (BZfE)*, welches in der *Bundesanstalt für Landwirtschaft und Ernährung (BLE)* angesiedelt ist. Die *BLE* ist dem Geschäftsbereich des *Bundesministeriums für Ernährung und Landwirtschaft (BMEL)* zugeordnet. Zentrale Aufgabe des *NQZ* ist die Koordination und Weiterentwicklung von Maßnahmen und Initiativen zur Kita- und Schulverpflegung in Deutschland. Dabei hat die Qualitätsentwicklung der Verpflegungsleistung einen hohen Stellenwert. Im Fokus der Aktivitäten stehen außerdem die Lern- und Bildungspotenziale von Mahlzeitensituationen. Relevante Zielgruppen sollen für gute Ernährung und Ernährungsbildung gestärkt werden.
Mit dem Gute-KiTa-Gesetz unterstützt der Bund die Länder bei der Verbesserung der Kita-Qualität. Ziel ist, die Qualität frühkindlicher Bildung, Erziehung und Betreuung in der Kindertagesbetreuung bundesweit weiterzuentwickeln und bestehende Unterschiede zwischen den Ländern anzugleichen. Zur Umsetzung des Gute-KiTa-Gesetzes unterstützt das *NQZ* die Bundesländer im Handlungsfeld Gesundes Aufwachsen in interministerieller Zusammenarbeit mit dem *Bundesministerium für Familie, Senioren, Frauen und Jugend* und dem *Bundesministerium für Ernährung und Landwirtschaft*. Wichtige Partner des *NQZ* sind die *Vernetzungsstellen Kitaverpflegung* in 13 Bundesländern. Neben der Netzwerkarbeit mit verantwortlichen Akteuren aus Bund und Ländern hat das *NQZ* eine zentrale Informations-Plattform unter *https://www.nqz.de/das-nqz/gute-kita-gesetz/* eingerichtet.

Literatur

Deutsche Gesellschaft für Ernährung e. V.: Muttermilch in der Kita. 2019a. www.fitkid-aktion.de/dge-qualitaetsstandard/gestaltung-der-verpflegung/verpflegung-von-kindern-unter-drei-jahren/exkurs-muttermilch-in-der-kita/ [03.06.2021]

Koletzko, B. et al.: Ernährung und Bewegung von Säuglingen und stillenden Frauen. Aktualisierte Handlungsempfehlungen von „Gesund ins Leben – Netzwerk Junge Familie", eine Initiative von IN FORM. In: Monatsschrift Kinderheilkunde 164(9)-2016, S. 765–789

Methfessel, B. et al.: Essen und Ernährungsbildung in der KiTa. Entwicklung – Versorgung – Bildung. Stuttgart: Kohlhammer 2016

Die vollständige Literaturliste sowie weitere Informationen erhalten Sie auf www.kleinstkinder.de oder auf Anfrage bei der Redaktion.

Dörte Wehmöller und Henrike Schönau (NQZ)

II. BILDUNGSORT MAHLZEITEN

Essen mit allen Sinnen

Sehen, hören, fühlen, riechen, schmecken: Erhält Ernährungserziehung im pädagogischen Alltag ausreichend Raum, lernen Kleinstkinder ohne Druck einen genussvollen und ganzheitlichen Umgang mit Lebensmitteln.

1. Was beinhaltet Ernährungsbildung?

Fast 600.000 unter Dreijährige nehmen das Mittagessen täglich in der Kita ein (NQZ 2021). Auch das Frühstück und ein Snack gehören in Kita und Tagespflege zum Alltag. Das macht Betreuungseinrichtungen zu einem zentralen Bildungsort für das Thema Ernährung. Da das spätere Essverhalten von Kindern in dieser Lebensphase entscheidend geprägt wird, legen Fachkräfte gemeinsam mit den Familien den Grundstein für das zukünftige Essverhalten.
Aber wie kann gesunde Ernährung im pädagogischen Alltag ganzheitlich umgesetzt werden? Eine umfassende Ernährungserziehung bedeutet nicht nur, Wissen über gesundes Essen weiterzugeben. Auch einen eigenverantwortlichen und genussvollen Umgang mit Lebensmitteln einzuüben, Esskultur und Tischsitten zu lernen, gemeinsam Mahlzeiten zu erleben und bei der Vor- und Zubereitung der Speisen zu helfen, gehört dazu. Beim zunehmend eigenständigen Essen und Trinken der Jüngsten können pädagogische Fachkräfte außerdem feinmotorische, kognitive, soziale und interkulturelle Lernmöglichkeiten schaffen.

2. Ein Ernährungskonzept entwickeln

Um Ernährung als Bildungsthema fest im pädagogischen Alltag zu verankern, sollte sich das Kita-Team zunächst konzeptionell damit auseinandersetzen und gemeinsam Strukturen erarbeiten. Welche Schwerpunkte wollen Fachkräfte setzen und welche pädagogischen Aspekte gilt es zu berücksichtigen? Folgende Fragen helfen bei der Planung und Organisation:

- Welches Ernährungskonzept wählen wir (vegetarisch, Vollwert, Bio-Lebensmittel)? Wie definieren wir für uns „gesunde Ernährung"?
- Wie gehen wir mit dem Thema Naschen und Süßigkeiten um? Gibt es z.B. einen zuckerfreien Vormittag? Wie wollen wir es mit Süßem in der Vesperdose handhaben und wie treten wir mit den Eltern darüber in einen Austausch?
- Wie werden Mahlzeiten pädagogisch gestaltet? Gibt es bspw. eine feste Frühstückszeit und eine freie Platzwahl? Werden die Kinder in die Vorbereitung eingebunden? Gibt es Rituale vor dem Frühstück? Dürfen sich die Kinder selbst schöpfen?
- Von welcher Raumgestaltung bei den Mahlzeiten profitieren die Kinder (Tischanordnung, Geschirrwagen usw.)?
- Welche Werte wollen wir beim Essen vermitteln (z.B. Nachhaltigkeit, Slow Food, kulturelle Vielfalt, Selbstwirksamkeit)? Wie setzen wir sie um (z.B. Auswahl der Lebensmittel, Einkauf auf dem Bauernmarkt, Kräutergarten)?
- Wie beziehen wir die Eltern ein? Wie gehen wir mit kulturellen oder religiösen Besonderheiten um (s. Kapitel VII)? Welche Diäten oder kulturellen Bedarfe kann unsere Einrichtung abdecken, welche nicht?

Foto: Harald Neumann

Möglichst viele Details sollten im Team besprochen werden, damit sich Fachkräfte selbst in stressvollen Situationen daran orientieren können und Kinder die Regeln beim Essen verinnerlichen. Wie verhalten wir uns, wenn Max zwischen den Mahlzeiten naschen oder ein Brot essen möchte? Ist es in Ordnung, dass Lisa zum Frühstück immer nur Marmelade isst? Um Fragen wie diese zu klären, sollten Fachkräfte verschiedene Perspektiven beleuchten, bei denen die Bedürfnisse des Kindes im Mittelpunkt stehen. Gibt der Träger die Grundpfeiler für die Ernährung vor, müssen diese ebenfalls einbezogen werden.

Indem Tagespflegepersonen oder Kita-Fachkräfte das Ernährungskonzept im pädagogischen Konzept verankern, schaffen sie nicht nur eine Grundlage für die weitere Planung und Durchführung: Sie sorgen auch bei den Familien für Transparenz und beugen Konflikten vor. Regelmäßige Teamsitzungen und Elternabende, bei denen das Ernährungskonzept besprochen wird, helfen, den Prozess zu optimieren.

3. Gesund durch den Tag

Um ein gesundes Ernährungskonzept für Kleinkinder umzusetzen, gilt bei der Auswahl der Speisen der Grundsatz: viel Obst und Gemüse, wenig Wurst, Fleisch oder Ei (s. INFO). Dabei können die Kinder bei der Wahl der Lebensmittel mitentscheiden. Die pädagogische Fachkraft stellt bspw. zwei oder drei gesunde Alternativen zur Auswahl und lässt die Kinder abstimmen: Gibt es zum Frühstück Knäckebrot mit Gurken oder Müsli mit Apfel? Soll es zum Kartoffelgericht einen Karotten- oder Maissalat geben?

Damit die Vorfreude auf die Mahlzeiten steigt, können Fachkräfte einen bebilderten Speiseplan im Eingangsbereich deutlich sichtbar aufhängen. So erkennen schon die jüngsten Mädchen und Jungen, welcher Leckerbissen sie erwartet.

Buntes Frühstück & Nachmittagssnack

Da Frühstück oder Snack oft in den Kitas selbst zubereitet werden, bieten sich hier zahlreiche Gestaltungsmöglichkeiten, um das Ernährungskonzept umzusetzen. Rohkost und Obst sorgen dafür, dass die Kleinkinder genug Vitamine, Mineralstoffe und sekundäre Pflanzenstoffe erhalten.

Beim Anrichten der Speisen ist darauf zu achten, dass sie möglichst einladend präsentiert werden. Da das Auge bekanntlich mitisst, können Apfel, Gurke und Karotte in kindgerechte Formen geschnitten werden, der Frischkäse findet in kleinen Gläschen Platz. Bunte Figuren wie eine Gemüsemaus, gelegte Obstblumen oder ein Gesicht aus Früchten regen den Appetit zusätzlich an. Auch Käse lässt sich als Snack oder zum Frühstück vielfältig präsentieren: am Stück, sodass jedes Kind sich etwas davon abschneiden kann, in kleinen Würfeln zum Aufpiksen oder als gerollte Scheiben. Kräuter wie Kresse runden den farbenfrohen und gesunden Snack ab.

Je vielfältiger die Auswahl, desto eher lernen Kleinkinder, wie unterschiedlich Nahrungsmittel sein können. Neben dem visuellen und taktilen Anreiz werden dabei auch

INFO

Eine Handvoll Gesundheit

Das Handmaß bietet eine anschauliche Orientierung für die gesunde Ernährung von Kindern. Wie viele Portionen von welcher Lebensmittelgruppe an einem Tag auf den Esstisch gehören, macht die Ernährungspyramide der *Bundesanstalt für Landwirtschaft und Ernährung* (*www.bzfe.de*) sichtbar (Koelsch/Brüggemann 2009). Neben dem jeweiligen Entwicklungsstand (s. Kapitel I) sollte bei der Umsetzung jedoch bedacht werden, dass bspw. viel Bewegung den Energieverbrauch steigert.

Eine Portion entspricht:

Gemüse	1–2 Hände
Obst	1–2 Hände
Brot	2 Hände/etwa eine Scheibe
Kartoffeln, Reis, Nudeln	2 Hände
Milch	1 Glas
Joghurt	1 Becher
Käse	1 Scheibe
Wurst	1 Handteller
Ei	1
Öl	1,5 EL
Butter	1,5 EL
Süßes/ Knabbereien	eine Hand

Quelle: Koelsch/Brüggemann 2009, S. 15 ff.

Foto: Katharina Naegele

INFO

Hygieneregeln in der Kita-Küche

Verdorbene oder falsch zubereitete Lebensmittel gefährden die Gesundheit der Kinder. Deshalb sind nicht nur in der eigenen Küche, sondern auch bei der Zusammenarbeit mit einer Cateringfirma die Hygieneregeln strikt einzuhalten. So muss etwa bei *cook and hold* vor der Annahme eine Temperatur-, Sicht- und Geruchskontrolle der Speisen stattfinden und dokumentiert werden.
In der Küche, in der das Essen angeliefert, gekocht oder angerichtet wird, sind außerdem regelmäßige Kontrollen durch die Leitung, den Träger oder sogar vom Veterinäramt Pflicht. Zu den Hygienestandards gehören dabei saubere Arbeitsflächen, sauberes Geschirr und Küchenutensilien. Geschirr- und Spültücher müssen täglich gewechselt werden. Auch das Personal selbst muss auf Hygiene achten: Saubere Arbeitskleidung, gründlich gewaschene, ggf. desinfizierte Hände und zusammengebundene Haare gehören zu den Regeln in jeder Kita-Küche. Fachkräfte unterliegen zusätzlich der Pflicht, alle zwei Jahre ihre Hygieneschulung aufzufrischen.

der Geruchs- und Geschmackssinn angesprochen und gefördert.

Mittagessen: Catering oder Selbstversorgung?

Es gibt mehrere Möglichkeiten, das Mittagessen in der Kita zu organisieren. Einrichtungen sollten dabei immer auf eine möglichst nährstofferhaltende Zubereitung setzen und z. B. frische Kräuter verwenden. Auch kurze Warmhaltezeiten sind zu empfehlen.
Für welches Verpflegungssystem sich eine Einrichtung letztlich entscheidet, hängt u.a. von der Ausstattung der Kita-Küche und den personellen Ressourcen ab. So braucht es bei der Selbstverpflegung etwa einen Notfallplan, falls die Küchenkraft erkrankt.
Diese vier Verpflegungssysteme können unterschieden werden:

- ***cook and serve:*** Speisen werden in der Küche frisch zubereitet.
- ***cook and hold:*** Cateringfirma liefert das Essen warm an.
- ***cook and chill:*** Gerichte werden vorgekocht angeliefert und in der Kita aufgewärmt.
- ***cook and freeze:*** Mahlzeiten sind bei Anlieferung schockgefroren und werden aufgewärmt.

Für alle diese Versorgungsformen benötigt die Kita eine geschulte Hauswirtschaftskraft, die mit den Hygieneregeln vertraut ist (s. INFO). Entscheidet sich die Einrichtung für ein Cateringunternehmen, sollte das Team vorab genau prüfen, ob das Angebot zum Ernährungskonzept passt. Bezieht das Unternehmen regionale Produkte? Wie schmackhaft, gesund und abwechslungsreich sind die Gerichte? Enthält das Essen ausreichend Gemüse und frische Salate? Wie hoch fallen Zucker- und Salzgehalt aus? Verwendet der Caterer Geschmacksverstärker? Kann man das bestehende Angebot schnell und problemlos anpassen? Und wie sieht das Beschwerdemanagement des Cateringunternehmens aus?

Trinken

Kinder sollten immer die Möglichkeit haben, sich selbstständig an einem gut erreichbaren Ort etwas zu trinken zu holen. Neben Wasser oder ungesüßtem Tee können auch Bio-Zitronen- oder Orangenscheiben im Wasserkrug für Geschmack sorgen.
Farbige Untersetzer unterstützen die Kleinkinder darin, ihre Trinkgläser während des Kita-Tags wiederzufinden und nicht zu verwechseln. Alternativ können Fachkräfte z.B. mit spülmaschinenfester Farbe Symbole auf die Gläser malen, sodass die Kinder ihr Getränk zu jeder Zeit erkennen können.

4. Genuss ohne Druck

Ernährungserziehung geht über die reine Auswahl an Speisen weit hinaus. Für ein gesundes Essverhalten sollten pädagogische Fachkräfte die Mahlzeiten so gestalten, dass Kleinkinder bewusst und mit Freude essen – und dass sie ihren Fähigkeiten entsprechend Nahrung selbstbestimmt zu sich nehmen können. So wird Essen zu einem genussvollen und positiven Erlebnis für die Jüngsten.

„Selber machen!“ Schon die Jüngsten helfen mit

TIPP

„Iss bitte dein Gemüse ...“

Nicht selten versuchen Erwachsene, Kinder von einem Gemüse zu überzeugen, indem sie sagen: „Iss bitte dein Gemüse, denn das ist gesund!“ Kinder lernen in diesem Zusammenhang jedoch „gesund“ als Attribut für Lebensmittel kennen, die ihnen nicht schmecken. Infolgedessen assoziieren sie gesunde Lebensmittel mit der Primärerfahrung „Schmeckt sowieso nicht!“ sowie mit Zwang und Bevormundung. Statt Kindern das Essen schmackhaft zu machen, wird so das Gegenteil erreicht.

Experten für die eigene Ernährung

„Iss doch bitte – mir zuliebe!“ „Wenn du den Teller nicht leer isst, gibt's auch keinen Nachtisch“ „Bevor du die Erbsen nicht wenigstens probiert hast, darfst du nicht vom Tisch aufstehen.“ Sätze wie diese äußern Eltern oder Fachkräfte meist mit gut gemeinter Absicht. Sie möchten, dass das Kind ausreichend mit Nährstoffen versorgt wird.

Tatsächlich erreichen sie dadurch jedoch oft das Gegenteil, denn solche Aussagen verstärken den Druck und können negative Denkmuster in Gang setzen (s. TIPP). Kleinkinder haben das Recht, selbst darüber zu entscheiden, was und wie viel sie essen möchten. Erwachsene sollten darum schon die Jüngsten als Experten für die eigene Ernährung wahrnehmen und ihnen die freie Entscheidung für oder gegen ein Lebensmittel zugestehen. Auch die Mengen, die Kinder verzehren, bestimmen sie selbst. Werden Speisen so gewählt, dass sich jede Komponente einzeln durch einen guten Nährwert auszeichnet, können die Mädchen und Jungen ihrer Selbstbestimmung nachkommen und sich dabei gleichzeitig ausgewogen ernähren. Bei einem zuckerfreien Vormittag bspw. stehen Karotten oder Äpfel nicht in Konkurrenz zu ungesunden Süßigkeiten. Dadurch fällt die Entscheidung immer auf eine gesunde Alternative.

Nur wenn die Entscheidungskompetenz beim Kind liegt, was und wie viel es zu sich nimmt, wird sein Selbstwertgefühl gestärkt. In diesem Prozess lernt es, seinem Sättigungsgefühl zu vertrauen. Da dieses jedoch besonders bei Schnellessern nicht sofort anschlägt, können pädagogische Fachkräfte freundlich und interessiert nachfragen (s. Kapitel III). Eine ruhige Atmosphäre unterstützt junge Kinder zusätzlich, sich auf den Essvorgang zu konzentrieren.

Sind einige früher mit dem Essen fertig und werden unruhig, können Fachkräfte kreativ werden. Da die Aufmerksamkeitsspanne bei Kindern bis drei Jahre sehr unterschiedlich ausfällt, dürfen sie – wenn sie satt sind – aufstehen. Damit die Kinder, die noch essen, nicht vom Spiel der anderen abgelenkt werden, bietet sich hierfür ein separater Bereich an. Denn Freude am Essen ist als großer Erfolg zu werten. Zwang hingegen kann ernste und dauerhafte Störungen des Essverhaltens auslösen.

Vorbild sein

Dass die meisten Kinder in der Gruppe beherzt zugreifen, liegt daran, dass sie auch am Esstisch am Vorbild lernen. Darum sollten Fachkräfte an den gemeinsamen Mahlzeiten teilnehmen und einen pädagogischen Happen zu sich nehmen. Auch die Gestik und Mimik der Mitessenden sind wichtige Lernquellen für das Kind. Gibt die Fachkraft positive Signale und lobt das Essen („Mmmmh, die Kartoffeln schmecken heute besonders gut!“), macht sie die Mädchen und Jungen neugierig und animiert sie ganz ohne erhobenen Zeigefinger zum Essen und Probieren. Offene Ablehnung gegenüber einem Lebensmittel kann jedoch einen gegenteiligen Effekt haben. Deshalb sollten sich Fachkräfte auch hier ihrer Vorbildfunktion bewusst sein.

Foto: Harald Neumann

Zum Probieren ermutigen
Eine ausgewogene Ernährung beinhaltet auch, eine gewisse Vielfalt an Lebensmitteln zu sich zu nehmen. Allerdings treffen Fachkräfte immer wieder auf Kleinkinder, die gegenüber neuen Gerichten oder unbekannten Nahrungsmitteln sehr skeptisch oder vorsichtig sind. Besonders bei der Eingewöhnung können Ankerlebensmittel deshalb dazu beitragen, sich in der neuen Essenssituation wohlzufühlen. Diese Lebensmittel, die die Kleinkinder von zu Hause kennen und schätzen, geben ihnen die Sicherheit, sich schrittweise gegenüber neuen kulinarischen Erfahrungen zu öffnen (Gutknecht/Höhn 2017).

Das vorsichtige oder ängstliche Essverhalten eines Kindes erfordert von Fachkräften viel Geduld und Einfühlungsvermögen, denn bei einem Probierzwang leidet das Vertrauensverhältnis. Nur wenn das Kleinkind neugierig auf andere Lebensmittel wird, kann es neue Geschmacksrichtungen schätzen lernen. Dabei genügt es nicht, Kleinkinder einmal etwas Neues probieren zu lassen, denn sie können nicht sofort entscheiden, ob sie es mögen. Wir müssen ein Nahrungsmittel mehrfach probiert haben, um es überhaupt am Geschmack zu erkennen. Und noch häufiger, um zu entscheiden, ob und wie es uns schmeckt. Zusätzlich können Rollenspiele dazu beitragen, dass probierscheue Kinder sich Lebensmitteln mit allen Sinnen nähern und den Spaß an Ernährung entdecken (s. PRAXISTIPP).

Mit allen Sinnen
Kinder gewinnen eine positive Einstellung zu gesundem Essen, indem sie Lebensmittel selbst erkunden und begreifen. Helfen Mädchen und Jungen beim Zubereiten der Speisen oder haben sie der Zucchini auf dem Teller im eigenen Gemüsegarten beim Wachsen zugesehen, schmeckt das Essen umso besser. Kurzfristige Angebote ändern Ernährungsweisen nur selten nachhaltig. Daher sollten in den (konzeptionellen) Rahmenbedingungen langfristig angelegte Projekte wie regelmäßige Kochtage verankert sein.

Bereits die Jüngsten können sich regelmäßig in der Küche beteiligen, indem sie Obst waschen, Erbsen pulen oder zur Weihnachtszeit Plätzchen ausstechen. Dabei können sie sich mit neuen Lebensmitteln vertraut machen: Wie riecht die rote Paprika, wenn ich sie aufschneide? Wie fühlen sich die kleinen hellen Kerne im Inneren an? Und wie hört es sich an, wenn ich kräftig in ein Stück Paprika hineinbeiße? Ohne Zwang wird so die Neugier der Kinder geweckt, wie dieses spannende Gemüse wohl schmeckt.

Wenn Kleinkinder in ihrem Alltag Lebensmittel mit allen Sinnen erfassen, öffnen sie sich nicht nur neuen Geschmacksrichtungen, sie lernen auch, langsamer und bewusster zu essen. Dazu gehört bspw. am Essen zu schnuppern und es beim Kauen bewusst mit der Zunge zu schmecken. Auch Lebensmittel zu ertas-

PRAXISTIPP

Kulinarische Rollenspiele

Symbolspiele zum Thema Essen lassen sich besonders gut im Sandkasten oder in der Spielküche umsetzen. Hier „kochen" Kinder ihre Fantasiespeisen, bieten diese spielerisch an und „essen" sie selbst. All das trainiert nicht nur die Sozialkompetenz, sondern baut auch Ängste ab und bereitet das Probieren am Esstisch vor. Dafür braucht es kein teures Spielmaterial. Schon ein Stöckchen kann mit einem Spielzeugmesser geschnitten und im Topf zu Gemüse verarbeitet werden. Indem die Fachkraft im Spiel mit dem Kind in Kontakt kommt, kann sie Ernährungswissen mit Spaß vermitteln. Natürlich probieren anschließend alle die selbst gekochten Leckereien: Wie schmeckt die Spielkarotte? Wird sie mit Spielsalz verfeinert und mit Schnittlauch serviert?

Im Symbolspiel nähern sich Kinder dem Thema Ernährung

Fotos: Harald Neumann

ten und mit den Händen zu essen, kann dazu beitragen. Natürlich sollten Kleinkinder langfristig ermutigt werden, mit Besteck zu essen. Haben sie die Mahlzeiten mit ihren Händen ausgiebig erkundet, folgt nach diesem Entwicklungsschritt das Interesse an Besteck und der Esskultur meist von allein.

5. Erziehungspartnerschaft

„Wie hat mein Kind heute gegessen?" Diese Frage zielt oft nicht nur auf die tatsächliche Nahrungsaufnahme. Eltern stellen sie auch, weil sie vom Essverhalten auf das Allgemeinbefinden ihrer Kinder schließen. Hat ein Kleinkind z.B. wenig gegessen, weil es immer noch mit seiner Erkältung von letzter Woche kämpft? Oder fühlt es sich in der neuen Gruppe nicht wohl?
Viele Familien machen sich auch Sorgen, dass ihr Kind über den Tag nicht mit genug Nährstoffen versorgt ist. Gesunde Ernährung sollte darum nicht nur regelmäßig in Teamsitzungen Thema sein, vielmehr sollte die Haltung der Einrichtung transparent gemacht werden. Stellen Fachkräfte die Ernährungsleitlinien an einem Elternabend vor, kann z.B. erläutert werden, inwiefern die Verpflegungspauschale die Qualität des Essens widerspiegelt und warum Kleinkinder nicht bei jeder Mahlzeit Fleisch brauchen. Zusätzlich profitieren alle Beteiligten davon, wenn der Speiseplan offen aushängt oder die Eltern ihn jederzeit über eine App abrufen können.

Enger Austausch
Die Erziehungspartnerschaft endet nicht, nachdem Fachkräfte den Familien das Verpflegungskonzept vorgestellt haben. Ein gutes Verhältnis zwischen Fachkräften und Eltern schafft die Basis für eine vertrauensvolle Zusammenarbeit, und regelmäßige Tür-und-Angel-Gespräche sorgen dafür, dass man in Kontakt bleibt. Bereits im Aufnahmegespräch empfiehlt es sich, die Gewohnheiten von zu Hause zu erfragen und zu dokumentieren. Durch was zeichnet sich das Ess- und Trinkverhalten in der Familie aus? Gibt es Eigenheiten, die berücksichtigt werden können oder müssen? Welche Nahrungsmittelunverträglichkeiten und Allergien bestehen (s. Kapitel I)? Die individuelle Gesundheitsfürsorge für jedes Kind hat natürlich oberste Priorität. Gleichzeitig sollten Sonderwünsche jedoch möglichst die Ausnahme bleiben, denn gemeinsames Essen schafft Gemeinschaft.
Das gilt auch für das mitgebrachte Frühstück oder den Snack in der Brotbox. Sieht das Ernährungskonzept der Einrichtung vor, im Alltag auf Süßes zu verzichten, sollte das Team mit den Eltern erarbeiten,

welche Lebensmittel sich für das Vesper in der Kita nicht eignen und welche Alternativen es gibt.

6. Vom Acker auf den Teller

Ein ganzheitliches Ernährungskonzept nimmt nicht nur die Mahlzeiten als solche in den Blick, sondern beginnt bereits beim Einkaufen bzw. Herstellen der Lebensmittel. Der biologische Anbau von Obst und Gemüse, Mülltrennung, *Zero Waste* und *Fair Trade* können in der Kita durch verschiedene Aktionen Raum finden und fördern die Wertschätzung für Mahlzeiten und unsere Natur. Ein selbst gebastelter, bebilderter Saisonkalender und eine Ernährungsampel zeigen schon den Jüngsten, was eine gesunde und umweltfreundliche Ernährung in der Praxis bedeutet.

Obst & Gemüse auf der Spur

Wo kommt die Tomatensoße auf unserem Teller eigentlich her? Geht die Gruppe zusammen auf den Markt, können Kinder die unterschiedlichen Obst- und Gemüsesorten kennenlernen und ihren Wortschatz erweitern. Dort sehen sie Nahrungsmittel in anderer Form als auf dem Teller, nämlich frisch und unzubereitet.
Ist kein Markt in der Nähe, kann auch eine Bio- bzw. Gemüsekiste bestellt werden. Diese stammt i. d. R. von einem ökologischen Landwirtschaftsbetrieb aus der Region und enthält auf Wunsch Gemüse und Obst direkt vom Acker. Wenn die Kiste eintrifft, öffnen die Mädchen und Jungen sie voller Neugier und freuen sich auf die nächste Mahlzeit.

Kita-Garten

Erdbeeren, Möhren oder Kürbis gedeihen problemlos im Kita-Garten. Indem die Kinder gemeinsam säen, pflanzen und gießen, können sie den Lebensmitteln beim Wachsen zusehen und wissen diese dadurch nach der Ernte – auf ihrem Teller – mehr zu schätzen. Gibt es auf dem Außengelände keinen Platz für größere Beete, bietet sich z.B. eine Kräuterspirale an. Durch sie lernen Kleinkinder verschiedene Düfte und Geschmacksrichtungen kennen und können mit ihnen das Kita-Essen verfeinern. Keimlinge oder Kresse gedeihen bspw. auf der Fensterbank und lassen sich zu einem leckeren Brotaufstrich verarbeiten. Auch in Kübeln oder im Hochbeet ist das Gärtnern für Kinder ein echtes Erlebnis, bei dem sie Ernährung mit allen Sinnen lernen.

Literatur

Gutknecht, D./Höhn, K.: Essen in der Kinderkrippe. Achtsame und konkrete Gestaltungsmöglichkeiten. Freiburg: Verlag Herder 2017

Koelsch, C./Brüggemann, I.: Die aid-Ernährungspyramide. Richtig essen lehren und lernen. Bonn: Aid-Infodienst 2009

Nationales Qualitätszentrum für Ernährung in Kita und Schule (NQZ): Zahlen & Fakten. 2021. www.nqz.de/kita/zahlen-fakten

---

Katharina Naegele

Foto: Harald Neumann

» Zukunft leben – Welt gestalten «

Bildung für nachhaltige Entwicklung

Karin Wirnsberger
Ein Blick über den Tellerrand
Nachhaltiges Essen & Trinken in der Kita
96 Seiten | Kartoniert
€ 18,00 (D) | € 18,60 (A)
P39 0401

Nachhaltige Ernährung in der Kita heißt gemeinsam genau(er) hinzuschauen – der berühmte „Blick über den Tellerrand“: Was essen wir und wo kommt es eigentlich her? Wenn bereits Kita-Kinder verstehen, wie Lebensmittel angebaut, geerntet und verarbeitet werden, hilft ihnen dies, die Welt von Anfang an besser zu verstehen und ein Stück verantwortungsvoller mit ihr umzugehen. Es werden verschiedene Perspektiven von gesunder und nachhaltiger Ernährung in der Kita beleuchtet.

P38 6011

P38 6441

P38 9346

P38 5948

P38 6755

www.herder.de

HERDER

III. DAS KÖRPERGEFÜHL DER JÜNGSTEN SCHULEN

Hunger oder Appetit?

Die Signale des Körpers wahrzunehmen und auf die eigenen Bedürfnisse zu hören ist eine wichtige Voraussetzung für gesundes Essverhalten. Wie können Fachkräfte sowohl zaghafte als auch eilige Esser dabei unterstützen?

1. Dem eigenen Körper vertrauen

Ein Kind, das essen lernt, übt nicht nur die Esstechnik. In achtsam gestalteten Mahlzeiten lernt es vor allem, ein gutes Körpergefühl und -bewusstsein zu entwickeln. Das wirkt sich positiv auf sein späteres Essverhalten aus.

Auf Signale achten

Das Gefühl für Hunger und Sättigung ist angeboren und bei den Jüngsten gut erkennbar: Ist ein Kleinkind hungrig, meldet es sich je nach Temperament entweder lautstark, greift direkt nach der Nahrungsquelle oder wird unruhig, vielleicht auch motorisch unsicher. Entspannt es sich beim Essen, isst es nur noch sehr langsam oder verliert das Interesse an der Mahlzeit, ist das Kind vermutlich satt.

Dass die Menge – später auch die Auswahl an Lebensmitteln – Tag für Tag variiert, passiert nicht willkürlich, sondern hängt mit dem Energiebedarf sowie mit dem aktuellen

TIPP

Die richtige Portionsgröße lernen

Eine zu große Menge oder zu viele verschiedene Nahrungsmittel auf dem Teller überfordern Kleinkinder. Viele essen dann entweder gar nichts mehr oder zu viel. Im Idealfall schöpft sich deshalb am Esstisch jedes Kind eine kleine Menge auf einen Kinderteller und nimmt je nach Hunger eine zweite oder dritte Portion nach.

Am besten erkunden Fachkräfte vor jeder „Schöpfrunde" gemeinsam mit den Mädchen und Jungen, wie viel Hunger sie noch spüren. Denn noch braucht es viel Übung, bis Hunger und geschöpfte Essmenge übereinstimmen.

Fotos: Harald Neumann

Wohlbefinden zusammen. Diese Fähigkeit zur Selbstregulation bleibt erhalten, solang die Signale des Kindes richtig gedeutet werden und es bei den Mahlzeiten gut begleitet wird (*responsive feeding*). Drängen Erwachsene es aber zum Essen, setzen Lebensmittel als Ersatz für Zuwendung ein oder muss es hungern, verliert sich diese Fähigkeit. Wendet sich ein Kind von seinem Teller ab, schiebt es das Essen weg oder beendet es die Mahlzeit frühzeitig, ist es ausreichend, es ein- bis zweimal zu ermutigen (Koletzko et al. 2013). Reste dürfen auf dem Teller bleiben.

Hunger & Appetit unterscheiden

Zwischen Hunger und Appetit gibt es einen feinen Unterschied.

Hunger wird im Gehirn durch ein komplexes Zusammenspiel aus körperlichen und hormonellen Signalen gesteuert, bei dem Gerüche und Geschmack nicht entscheidend sind. Bei **Appetit** hingegen spielen die Rahmenbedingungen eine große Rolle: Sieht das Essen ansprechend aus, riecht und schmeckt es lecker oder ist die Tischgemeinschaft besonders nett? Das kann uns Appetit machen und zum Verzehr größerer Portionen verleiten (s. TIPP). Wer für diesen Unterschied sensibilisiert wird, behält die Fähigkeit, seinem Hungergefühl entsprechend zu essen. Gezielte Fragen und Gespräche unterstützen Kleinkinder dabei: „Wie fühlt sich dein Bauch an? Ist er schon voll – oder fehlt da noch etwas?"

Auch wenn Kinder müde oder angespannt sind, wirkt sich das auf ihr Essverhalten aus. Hier brauchen sie ebenfalls eine gute sprachliche und responsive Begleitung.

Durst entdecken

Durst zu erkennen fällt den Jüngsten oft noch schwer, da die Milchmahlzeiten im ersten Lebensjahr sowohl ihren Hunger als auch Durst gestillt haben. Erst mit der festen Kost beginnen sie langsam, beides voneinander zu unterscheiden und sich an regelmäßiges Trinken zu gewöhnen. Pädagogische Fachkräfte können diesen Lernprozess unterstützen, indem sie die Durstlöscher Wasser und Tee regelmäßig als solche benennen und die Mädchen und Jungen gezielt fragen, ob sie durstig oder hungrig sind. Ein Durstsignal, das bereits unter Dreijährige erkennen, ist ein trockener Mund: „Wie fühlt sich dein Mund vor und nach dem Trinken an? Welchen Unterschied merkst du?" Regelmäßige Ess- und Trinkpausen helfen den Kindern, die eigenen Signale im Spiel nicht zu vergessen.

Emotionales Essen

Wenn Säuglinge „ihre Milch" bekommen, wird nicht nur ihr Nährstoffbedarf gestillt. Diese Momente sind auch stark von körperlicher Nähe geprägt und vermitteln Geborgenheit.

Die größte Herausforderung beim Essenlernen besteht deshalb darin, die körperlichen Bedürfnisse von den emotionalen Wünschen zu trennen. Will ich kuscheln oder habe ich wirklich Hunger? Welches Gefühl gerade überwiegt, können Kinder mithilfe ihrer Bezugspersonen und durch Essensvorbilder lernen.

Wie fühlt sich der Mund vor und nach dem Trinken an?

Fachkräfte sollten beim Füttern feinfühlig reagieren

Hat sich das Kind verletzt, benötigt es weder einen Keks noch einen Schluck Wasser, sondern eine Umarmung. Bietet man ihm in emotional aufgeladenen Situationen etwas zu trinken oder zu essen an, schluckt es das Gefühl wortwörtlich hinunter. Genauso wenig wie Nahrung als Trost, gegen Langeweile oder zur Beruhigung eingesetzt werden sollte, eignet sich Essen dafür, ein Kind zu bestrafen („Dann gibt es keinen Nachtisch!") oder zu belohnen („Wenn du den Brokkoli aufisst, bekommst du ein Eis!").

2. Kinder zum selbstständigen Essen begleiten

Den Weg zum eigenständigen Essen geht jedes Kind in seinem eigenen Tempo. Oft schwankt es zwischen dem Bedürfnis nach Autonomie und dem Wunsch nach Unterstützung. Eine sensible Begleitung und entwicklungsgerechte Skripte (s. Kapitel V) zur Gestaltung der Abläufe geben Sicherheit.

Gefüttert werden

Erst wenn der Zungenstoßreflex (5.–6. Lebensmonat) nachlässt, kann ein Kleinkind breiige Nahrung von einem weichen, flachen Löffel lutschen. Monat für Monat werden die Zungenbewegungen dann koordinierter und der Mund-Rachen-Bereich verliert an Sensibilität. Dadurch verschluckt sich das Kind nicht mehr so schnell.

Die Jüngsten sollten in ihrem individuellen Essrhythmus gefüttert werden. Die meisten genießen dabei den Körperkontakt auf dem Schoß ihrer Bezugsperson. Wenn Fachkräfte beim Füttern auf den geöffneten Mund des Kindes achten und Augenkontakt halten, können sie feinfühlig auf Hunger und Sättigung reagieren. Wie „satt sein" und „weniger auf dem Teller haben" zusammenhängen, erlebt ein Kind, wenn die Speisen von einem gut einsehbaren Teller und das Getränk aus einem Glas angeboten werden.

Übergang zum Selbstessen

Sobald Kleinkinder frei sitzen, können sie eine Kleinigkeit am Esstisch mitessen. Mit dem Pinzettengriff entdecken sie weiche Lebensmittel wie kleine Brot-, Bananen- oder Pellkartoffel-Stücke und schulen beim lustvollen Probieren die Mundmotorik.

Was auf Außenstehende zunächst wie wahlloses Gemansche wirken mag, sind erste selbstbestimmte Experimente mit neuen Lebensmitteln. Anfangs greift das Kind mit den Händen zu, recht bald lernt es dann, den Löffel und kurz darauf die Gabel zum Mund zu führen. Auch aus einem Becher trinkt es bereits mit etwas Hilfe. Da der Löffel oft noch auf halbem Weg umgedreht wird, kommt zwar nicht immer alles sicher im Mund an. Durch viele Wiederholungen, gute Essensvorbilder am Tisch und aufmunternde Worte machen Kinder aber schnell Fortschritte. Trotzdem kann sie das Selbstessen in der Übergangszeit schnell ermüden. Aus diesem Grund empfiehlt sich die Zwei-Löffel-Methode: Das Kind isst mit eigenem Löffel selbstbestimmt weiter, während die Fachkraft achtsam zufüttert.

Eine rutschfeste Unterlage, Schalen und Teller mit hohem Rand sowie Kinderbesteck mit dicken Griffen und stumpfen Zacken erleichtern die selbstständigen Essversuche ebenso wie eine geeignete Konsistenz der Speisen. Breiige Frühstücksflocken

Mit dem Pinzettengriff entdecken die Jüngsten verschiedene Texturen

Foto: Harald Neumann

oder Kartoffelbrei haften gut am Löffel, Polentastücke, aber auch Spiralnudeln mit Gemüsesoße lassen sich leicht aufspießen.

Selbstständig essen

Mit etwa 18 Monaten trinkt das Kind, ohne zu kleckern, aus dem Becher und geht zunehmend sicher mit Besteck um. Es macht erste Versuche, Brote zu schmieren, ein Getränk einzugießen und sich mit Assistenz zu schöpfen. Eine kleine Geschirrgröße – am besten aus bruchsicherem Glas – und nur zur Hälfte gefüllte Schalen erleichtern das Umfüllen. Am Tisch genießen die jungen Esser ritualisierte Abläufe sowie Zeit und Ruhe, damit sie ihre eigenen Körpersignale wahrnehmen können. Ablenkungen wie abholende Eltern oder Spielsachen sollten in dieser Phase vermieden werden. Je mehr sich Kleinkinder auf den Essprozess konzentrieren können, desto seltener verschlucken sie sich.

Ab etwa zwei Jahren können Kinder weitgehend selbstständig an den Mahlzeiten teilnehmen: Sie helfen beim Tischdecken und -abräumen, beginnen mit Unterstützung der Fachkraft, weiches Obst und Gemüse zu schneiden, schöpfen selbst und schenken sich sicher Getränke ein. Lebhafte Tischgespräche, aber auch sanfte Tischregeln, wie Danke sagen oder der zeitgleiche Beginn, gehören zu einer angenehmen Essenssituation dazu.

3. Verschiedene Esstypen

Wie beim Basteln und Spielen hat jedes Kind auch beim Essen sein eigenes Temperament. Ein Teil davon stammt aus unserem evolutionären Erbe, anderes lässt sich auf die Persönlichkeit des Kindes zurückführen. Die meisten Ausprägungen geben keinen Grund zur Besorgnis, sondern gehören zur Entwicklung dazu. Damit alle entspannt essen können, reichen oft schon kleine Veränderungen im Alltag.

Hannes ist ein vorsichtiger Esser. Obwohl er gerne isst, greift er nur zu den Lebensmitteln, die er gut kennt. Sobald die Tagesmutter ihm ein anderes Obst als Banane anbietet, schüttelt er den Kopf. Je mehr sie ihn zu überzeugen versucht, desto größer scheint seine Abneigung. Sie macht sich darum Sorgen, dass sein Speiseplan nicht vielfältig genug ausfällt.

Lehnen Kinder neue oder geschmacklich komplexe Lebensmittel ab, liegt eine sog. **Neophobie** (Angst vor Neuem, Unbekanntem) vor. Diese Phase, die etwa im Alter von 18 Monaten beginnt (Reitmeier 2014), bietet im Regelfall keinen Grund zur Sorge. Mit Geduld und einem guten Angebot erweitern auch skeptische Kinder langsam ihr Nahrungsmittelrepertoire.

Überreden hilft nicht! Stattdessen schützt ein bebilderter Speiseplan vor Überraschungen. Auch können Fachkräfte bei den Mahlzeiten Neues mit Vertrautem kombinieren, z. B. eine bekannte Brotsorte mit einem neuen Aufstrich. Unbekannte Speisen werden nicht auf den Teller gelegt, sondern als Miniportion in einer kleinen Extraschüssel angeboten. Vielleicht ermutigt auch ein Tischnachbar oder ein „goldener Probierlöffel"? Was nicht schmeckt, darf (vorsichtig) wieder ausgespuckt werden.

In der Wölkchengruppe gibt es heute Nudeln mit Bolognesesoße. Auf Sandros Teller liegt schon ein großer Nudelberg, nur von der stückigen Soße mag er gar nichts. Ähnlich verhält er sich auch bei anderen Mahlzeiten: Brot ohne Belag und pürierte Suppen isst er gerne, Aufläufe oder Eintöpfe lehnt er ab.

Kleinkinder haben oft einen sehr sensiblen Mundbereich, sodass sie unterschiedliche Geschmäcker oder verschiedene Konsistenzen in einer Mahlzeit überfordern. Um dieser Sensibilität zu entsprechen, können sie sich die Soße neben die Nudeln schöpfen und Käsewürfel zu trockenem Brot essen. Lässt man Trennköstler wie Sandro außerdem ihre Brote selbst zubereiten, lernen sie komplexen Geschmack akzeptieren.

Lana hat sich in der Kita gut eingelebt und nimmt aktiv am Alltag teil. Nur beim Essen wirkt sie lustlos. Wie ein kleiner Spatz pickt sie in ihrem Teller herum, isst sehr langsam und eher wenig. Ihre beste Freundin Emmi ist das genaue Gegenteil: Sie hat es immer eilig und nimmt oft Nachschlag.

Auch bei den Jüngsten gibt es gute und schlechte Esser. Solang sie fröhlich und ausgeglichen wirken und ihr Gewicht stimmt, haben sie ein gut entwickeltes Sättigungsgefühl. Trotzdem ist es sinnvoll, die Kinder kurz vor dem Ende der Mahlzeit nach ihrem Hunger zu fragen und ihnen ggf. noch etwas Zeit zu geben. Mädchen und Jungen, die sehr schnell und gerne essen, bekommen ihren zweiten Nachschlag gemeinsam mit allen anderen, wodurch sie insgesamt etwas langsamer essen. Denn für beide Esstypen sind regelmäßige Mahlzeiten und klare Esspausen wichtig, damit sie ihr Hunger- und Sättigungsgefühl spüren.

Literatur

Koletzko, B. et al.: Ernährung und Bewegung im Kleinkindalter. Handlungsempfehlungen des Netzwerks „Gesund ins Leben – Netzwerk Junge Familie", ein Projekt von IN FORM. In: Monatsschrift Kinderheilkunde 161(12)-2013, S. 1187–1200

Reitmeier, S.: Ernährungssozialisation in der frühen Kindheit. In: Ernaehrungs Umschau 7-2014, S. 116–122

Die vollständige Literaturliste erhalten Sie auf www.kleinstkinder.de oder auf Anfrage bei der Redaktion.

Sigrid Fellmeth

IV. WIE KLEINSTKINDER AUF DEN GESCHMACK KOMMEN

Mut zur Vielfalt

Mit 10.000 Geschmacksnerven kommen Kinder als Gourmets auf die Welt. Auch wenn sie eine genetisch bedingte Vorliebe für Süßes besitzen, ist es vor allem eine Frage des vielfältigen Trainings, ob und wie ihnen etwas schmeckt.

1. Junge Gourmets

Ob Wachstum, Immunsystem oder geistige Entwicklung: Alles profitiert maßgeblich von einer gesunden Ernährung. Obwohl die medizinischen Zusammenhänge zwischen dem Speiseplan und unserer Gesundheit weitreichend bekannt sind, stellen ernährungsbedingte Krankheiten wie Adipositas, Diabetes und Herz-Kreislauf-Erkrankungen bereits bei Kindern ein zunehmendes Problem dar. Gleichzeitig wird hierzulande bei der Beikosteinführung immer wieder vor möglichen Allergien gewarnt. Das löst bei vielen Eltern, aber auch bei pädagogischen Fachkräften eine hohe Verunsicherung aus. Was kann ein Kleinkind essen, damit es gesund aufwächst und mit allen Nährstoffen versorgt ist? Und wie können wir Kinder darin unterstützen, Gemüse-Gourmets statt Fast-Food-Vernichter zu werden? Aus dieser Unsicherheit heraus reduziert sich der Speiseplan der Jüngsten in vielen Familien und pädagogischen Einrichtungen auf wenige Lebensmittel, die oft ungesund sind – zu süß, zu salzig und zu viel ungesundes Fett. Gerade einseitige Ernährung steht jedoch einem gesunden Verhältnis zum Essen entgegen. Unter Dreijährigen möglichst abwechslungsreiche, gesunde Mahlzeiten anzubieten, kann die Essbiografie hingegen ein Leben lang positiv beeinflussen. Verstehen Fachkräfte, wie sie die Jüngsten für einen vielseitigen Speiseplan begeistern können, machen sie dabei schnell die Erfahrung, dass Gesundheit und Genuss zusammengehören.

Gemüse? Nein, danke!

„Erbsen bäääh!" Gemüse gehört zu den Nahrungsmitteln, die Kinder am wenigsten mögen. Das liegt u.a. daran, dass sie über eine sehr hohe Geschmackssensitivität verfügen. Kinder werden sozusagen als Gourmets geboren. Da Säuglinge etwa 10.000 Geschmacksnerven besitzen, nehmen sie bereits kleinste Spuren von Bitterstoffen wahr, wie sie etwa in Fenchel oder Artischocke enthalten sind. Neben ihrer Abneigung für Bitteres haben Kleinkinder auch eine genetisch bedingte Vorliebe für Süßes. Aus diesem Grund bevorzugen viele anfangs eher einen süßen Brei, z.B. aus Karotten, Kürbis oder Kartoffeln. Die Erweiterung dieser Vorlieben kann aber trainiert werden. Denn bei der Entwicklung von Geschmack kommt es vor allem darauf an, wie und wie oft Kinder neuen Lebensmitteln begegnen.

Um den Mädchen und Jungen in Kita oder Tagespflege Brokkoli und Co. schmackhaft zu machen, ist es notwendig zu verstehen, wie sich Nahrungsvorlieben entwickeln. So können pädagogische Fachkräfte Wege schaffen, um unter Dreijährige gemeinsam mit den Familien zu einer gesünderen und vielfältigeren Lebensmittelwahl anzuleiten. Denn bei der Sorge um Verträglichkeit wird oft die zentrale Frage nach Natürlichkeit und Vielfalt vergessen und somit den Kindern langfristig die Chance auf genussvolle und gesunde Ernährung genommen (Maier-Nöth 2020a).

Fotos: Harald Neumann

2. So entwickelt sich Geschmack

Beim Geschmack spielen nicht nur genetische Faktoren eine Rolle (s. INFO). Sowohl die Ernährung der Mutter während der Schwangerschaft (pränatal) als auch Geschmackserlebnisse nach der Geburt (postnatal) entscheiden darüber, welche Vorlieben ein Kind entwickelt und manchmal bis ins Erwachsenenalter behält (Maier-Nöth 2019). Auch die anderen Sinne (Riechen, Sehen, Fühlen, Hören) sind für die sensorische Prägung und eine gesunde Entwicklung essenziell.

Vorgeburtliche Erfahrungen

Der Geschmacks- und Geruchssinn entwickelt sich früh: Geschmacksknospen lassen sich beim menschlichen Fötus ab der 15. Schwangerschaftswoche nachweisen, und reife Riechnervenzellen sind bereits ab der 25. Woche vorhanden. Wenn Säuglingen eine süße Lösung angeboten wird, lecken und schlecken sie an ihren Lippen, bei einer sauren Lösung kräuseln sie diese und bitter schmeckende Geschmacksproben spucken sie wieder aus.

Auch reagieren Kinder direkt nach ihrer Geburt auf Aromen positiv, mit denen sie nur pränatal in Kontakt gekommen sein können. Die Ernährung der Mutter während der Schwangerschaft spielt also eine Rolle bei der Geschmacksbildung. Eine Untersuchung konnte etwa nachweisen, dass Babys, deren Mütter während der letzten Schwangerschaftswochen Karottensaft konsumierten, bei der Beikosteinführung mit mehr Begeisterung auf Getreidebreie mit Karottensaft reagierten als auf einen nichtaromatisierten Getreidebrei (Mennella et al. 2001).

Nachgeburtliche Erfahrungen

Erfahrungen kurz nach der Geburt wirken sich ebenfalls auf die Essbiografie aus. So gewöhnen sich gestillte Säuglinge zu Beginn der Beikosteinführung rascher an neue Lebensmittel wie Gemüse, Fleisch und Fisch als flaschenernährte Säuglinge (Maier et al. 2008). Wie in einer Langzeitstudie aufgezeigt wurde, ist dieser

INFO

Werden Nahrungsvorlieben vererbt?

Erste Faktoren, die Einfluss auf Nahrungsvorlieben haben, sind eine genetische Veranlagung, einen Geschmack mehr zu mögen als einen anderen, sowie eine von den Eltern ererbte Sensitivität für bestimmte Geschmacksrichtungen und Duftstoffe. Veranlagte Reaktionen sind jedoch nicht streng festgelegt und können vor allem durch Erfahrungen verändert werden. Wenn z. B. indische Mütter in der Schwangerschaft und Stillzeit regelmäßig scharf essen, prägt das die Essensvorlieben ihrer Kinder. Vererbte Unterschiede können die Vorlieben und Nahrungswahl also zwar beeinflussen, aber die beobachteten langfristigen Auswirkungen scheinen nur gering zu sein. Im Gegensatz dazu zeigen frühzeitige Erfahrungen mit einer vielfältigen und gesunden Kost positive Langzeitwirkungen.

Vielfalt von Anfang an – Grundlage für eine gesunde Ernährung

Effekt lang anhaltend (Erinnerungseffekt), sodass gestillte Kinder auch im Alter von sechs Jahren unbekannte Gemüsesorten signifikant häufiger essen (Maier-Nöth et al. 2016). Ebenfalls scheint die Auswirkung eines frühen Kontakts mit „sauer" oder „bitter" mehrere Jahre anzuhalten (Liem/Mennella 2002; Mennella/Beauchamp 2002). Geschmackserfahrungen in den ersten Lebensmonaten können sogar Vorlieben im Erwachsenenalter beeinflussen. Erwachsene, die als Säuglinge regelmäßig Milchersatznahrung mit Vanillegeschmack erhielten, haben auch eine stärkere Vorliebe für Tomatenketchup mit Vanillegeschmack (Haller 1999).

Vielfältige Erfahrungen während der Beikosteinführung

Nahrungs- und Geschmackserlebnisse durch die Beikost können ebenfalls spätere Vorlieben beeinflussen. Wenn Kleinkindern im täglichen Wechsel eine Vielzahl von Gemüse angeboten wird, kann das zu einem erheblichen Anstieg des Gemüseverzehrs führen und vor allem die Akzeptanz für neue unbekannte Sorten wie Erbsen oder für Fisch positiv beeinflussen. Dies lässt vermuten, dass bereits der häufige Kontakt mit vielfältigen gesunden Lebensmitteln den Zuspruch erhöht. So konnte in einer internationalen Studie zur Geschmacksvielfalt nachgewiesen werden, dass der Kontakt mit verschiedenen Gemüsepürees zu Beginn der Beikosteinführung die Akzeptanz neuer Lebensmittel erhöht – und das einige Tage, Monate (Maier et al. 2008) und Jahre (Maier-Nöth et al. 2016). Dabei zeigte sich, dass Stillen in Verbindung mit dem täglichen Wechsel von neuen Gemüsesorten im frühen Stadium der Beikost sowohl die Akzeptanz für alle neuen Gemüsesorten als auch für Fleisch und Fisch jahrelang positiv beeinflusst (Maier-Nöth et al. 2016).

Fachkräfte sollten also auf möglichst viel Abwechslung schon zu Beginn der Beikost achten. Der in Deutschland typische Gemüse-Kartoffel-Fleisch-Brei bekommt damit immer mehr Konkurrenz. Und nach mediterranem Vorbild kann sogar fettreicher Seefisch angeboten werden. Die lang propagierte Ansicht, nur ein Gemüse pro Woche zu füttern, gilt dagegen als überholt.

„Riech mal!" Kinder sind von Natur aus neugierig auf Neues

3. Geschmack in der Kita fördern

Kinder sind von Natur aus Feinschmecker – und neugierig. Diese zwei Eigenschaften lassen sich bestens für ihre Geschmacksbildung nutzen. Dabei geht es nicht nur um das Kennenlernen und Erkennen von Geschmacksrichtungen wie süß, sauer oder bitter. Indem Kinder nach und nach lernen, über ihre Geschmackseindrücke zu sprechen, können sie ihr Essverhalten zunehmend selbstbestimmt und reflektiert gestalten.

Nahrungsmittel wiederholt anbieten

Wenn ein Kleinkind zum ersten Mal eine Zucchini probiert und sie wieder ausspuckt, bedeutet das nicht automatisch, dass es diese nicht mag. Es lehnt das Gemüse zunächst nur ab, weil es Zucchinis noch nicht kennt. Denn Geschmack will gelernt sein. Lehnen Kinder ein neu eingeführtes Gemüse wie Artischocken oder Blumenkohl ab, beenden trotzdem 85 % aller Mütter ihre Bemühungen spätestens nach dem dritten Versuch (Maier et al. 2007a) – deutlich zu früh, wie eine internationale Studie (Maier et al. 2007b) zeigen konnte. Dort wurde untersucht, ob Säuglinge durch wiederholten Kontakt lernen können, ein anfangs unbeliebtes Gemüse zu akzeptieren.

Während der ersten Monate der Beikosteinführung sollten Mütter aus Frankreich und Deutschland ein Gemüsepüree angeben, das ihr Säugling besonders mochte, und ein Gemüsepüree, welches ihr Kind in der Vergangenheit abgelehnt hatte. Mütter, die zwei solcher Gemüsesorten nennen konnten, wurden gebeten, ihrem Säugling 16 Tage lang das anfangs abgelehnte Gemüse im täglichen Wechsel mit dem bevorzugten Gemüse zu füttern. Dabei notierten sie jeden Tag die verzehrte Menge und bewerteten,

Foto: Harald Neumann

wie sehr ihr Kind das jeweilige Gemüse ihrer Meinung nach mochte. Neun Monate später füllten die Mütter ein Ernährungsheft und Akzeptanztagebuch aus, das Fragen über die Testgemüse enthielt.

Das erfreuliche Ergebnis: Nach wiederholtem Kontakt akzeptierten die Kleinkinder nicht nur das anfangs abgelehnte Gemüse meistens (s. INFO), vielmehr blieb bei der Mehrheit diese Akzeptanz auch bis zu einem Alter von sechs Jahren bestehen, wie eine Langzeitstudie zeigte (Maier et al. 2016). Der Großteil der Sechsjährigen mochte und verspeiste das anfangs verschmähte Gemüse also. Diese wissenschaftlichen Erkenntnisse bedeuten für die Kita und Tagespflege: Vielfalt immer wieder anbieten! Fliegen die Bohnen anfangs in hohem Bogen vom Hochstuhl, landen sie beim nächsten Mal vielleicht im Mund. Und bevorzugen Kinder momentan noch Gurke, Erbsen und Paprika, lernen sie den Geschmack der Bohnen evtl. erst als Suppe oder Brei lieben, bevor sie das Gemüse schließlich gedünstet mögen.

INFO

Acht Mal probieren – Studie zur Beikosteinführung

Die Abbildung zeigt den durchschnittlichen Verzehr für das zunächst abgelehnte sowie das beliebte Gemüsepüree der Studie. Während der acht Tage, in denen die Mütter ihren Säuglingen das anfangs unbeliebte Gemüse vorsetzten, nahm der Verzehr linear um durchschnittlich 17 Gramm pro Tag zu. Im Gegensatz dazu stieg die Menge des anfangs bevorzugten Gemüses nur um 2,8 Gramm pro Tag. Dadurch fiel der Verzehr der beiden Gemüse beim achten Kontakt fast identisch aus. Es lohnt sich also, ein anfangs abgelehntes Gemüse an mindestens acht aufeinanderfolgenden Mahlzeiten anzubieten (Maier et al. 2007b).

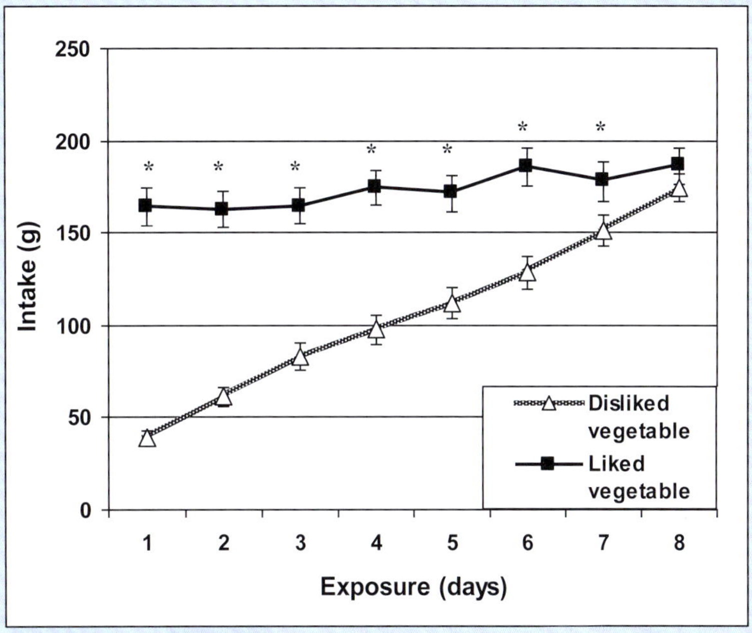

Einfluss von wiederholtem Anbieten eines zunächst abgelehnten und bevorzugten Gemüses auf die Akzeptanz

Quelle: Maier et al. 2007b

Geduld zahlt sich aus

Skepsis gegenüber neuen Lebensmitteln geht auf einen fundamentalen Überlebensinstinkt zurück, der die Jüngsten vor möglichen Gefahren schützen soll. Um darauf angemessen zu reagieren, braucht es einen entspannten Umgang und geduldige Wiederholung. Wie sich in der vorgestellten Studie gezeigt hat, sollte eine neue Gemüsesorte mindestens achtmal hintereinander probiert werden, damit sich die Mädchen und Jungen an Geschmack, Geruch und Textur gewöhnen können. Darum sollten Fachkräfte ausprobieren, unter Dreijährigen regelmäßig (aber natürlich ohne Zwang) Nahrungsmittel anzubieten, die neu sind bzw. die sie vorher nicht mochten. So lernen schon die Jüngsten bspw. viele Gemüsearten oder verschiedene Brotsorten kennen und meist auch mögen. Diese früh erlernten Geschmacksvorlieben bleiben bis zum Ende der Kindheit oder sogar bis ins Erwachsenenalter erhalten.

Sensorische Vielfalt

Vielfalt in der Kinderernährung von Anfang an ist essenziell, denn sie fördert die Ausbildung aller Sinne und deckt den Nährstoffbedarf. Doch Vielfalt bedeutet nicht nur, viele unterschiedliche Gemüse-, Obst- und Getreidesorten anzubieten. Wie soll ein Kleinkind sehen, riechen, schmecken oder fühlen können, wie Pute, Kartoffel oder Kohlrabi schmeckt, wenn im Gläschen alles miteinander vermengt ist?

Ein gesunder, abwechslungsreicher Speiseplan in der Kita enthält daher auch zunehmend Lebensmittel mit sensorischer Vielfalt. Das bedeutet, dass z.B. Gemüse regelmäßig in unterschiedlichen Farben, Geschmäckern, Texturen und Formen auf den Esstisch gehört. Um Karotten kennenzulernen, können diese etwa immer wieder mal in Form eines Rohkostsalats, einer Suppe oder gedünstet aus der Küche kommen. Kinder haben damit die Chance, Nahrungsmitteln in all ihrer Vielfalt zu begegnen und diese mögen zu lernen. Da sie empfindsamer schmecken, riechen und fühlen als Erwachsene, sollten die Mahlzeiten nicht nur möglichst appetitlich aussehen, sondern auch angenehm duften, sich gut anfühlen und lecker schmecken. Animieren Fachkräfte zu spannenden Sinnesexperimenten, z.B. indem sie Gewürze erschnuppern oder Gemüse in Fühlsäckchen ertasten lassen, lernen die Jüngsten Lebensmittel spielerisch kennen.

4. Gelassenheit beim Essen

„Bekommt mein Baby Blähungen?" oder „Verträgt mein Kind Brokkoli?" sind Fragen, die sich Eltern schon lange vor dem ersten Löffel Brei stellen. Auch die Angst vor möglichen Allergien bestimmt den Speiseplan der Mädchen und Jungen hierzulande stark. Fragen wie „Sollte mein Kind statt der Möhre vielleicht doch besser als Erstes die allergenarme Pastinake bekommen?" sind deshalb bei der Einführung der Beikost keine Seltenheit. Andere Länder sind da deutlich entspannter (s. INFO).

Ausgewogenheit statt Perfektion

Statt nach dem einen perfekten Lebensmittel zu suchen, sollten Fachkräfte das Thema Ernährung gelassen angehen und von Anfang an auf Vielfalt setzen. Durch sie bilden Kleinkinder nicht nur ihre Sinne aus und können ihren Nährstoffbedarf decken. Eine ausgewogene, bunte Ernährung bietet – im Gegensatz zu einem monotonen Speiseplan – auch Schutz vor Allergien. Säuglinge, die eine abwechslungsreiche Beikost erhalten, sind außerdem im späteren Leben bessere und unkompliziertere Esser.

Beim Essverhalten in der Einrichtung spielt die Haltung der Fachkräfte eine große Rolle. Alle Mädchen und Jungen können frühzeitig erlernen, alles zu mögen, solang die Bezugspersonen es ihnen vorleben und selbst mit Genuss viele verschiedene Lebensmittel und Gerichte genießen. Bieten Fachkräfte den Kindern mit Freude neue Nahrungsmittel an

INFO

Andere Länder, andere Sitten

Während in Deutschland i.d.R. anfangs nur wenige, süße Gemüsesorten wie Kürbis, Pastinake, Karotte, Kartoffel angeboten werden, und zwar wochenlang am Stück, gehen andere Länder wesentlich variabler vor. In Frankreich bspw. bekommen Kleinkinder oft fast jeden Tag ein neues Gemüse und sogar den lange Zeit als allergiefördernd verrufenen Fisch (Maier et al. 2007a). Diese Variante zeigt sich dabei ganz klar als Vorteil, da Säuglinge mit einer vielfältigen Gemüseauswahl und regelmäßigem Wechsel zu Beginn der Beikost später mehr Gemüse essen und lieben (Maier et al. 2008; Maier-Nöth et al. 2016).

Dass die Ernährung von Kleinkindern stark von der Kultur und den Traditionen des jeweiligen Landes abhängt, lehrt uns ein Blick rund um den Globus. In Simbabwe findet sich im ersten Brei oft eine Extraportion Erdnussbutter, in Nigeria bekommen die Jüngsten fermentierte Mais-Sorghum-Paste, im Senegal gibt es Hirsebrei mit Sauermilch und in Thailand kommt für Kleinkinder Reisbrei mit Bananen auf den Löffel. Diese Vielfalt zeigt, dass sich der Nährstoffbedarf von Kleinkindern auf vielen verschiedenen Wegen decken lässt (White et al. 2017).

Fachkräfte sind Essensvorbilder für die Jüngsten

Fotos: Harald Neumann

Im Austausch mit den Eltern gesunde Ernährung fördern

und fungieren sie als Essensvorbilder, verlieren auch die Jüngsten eher ihre Skepsis. Wird aber bei wählerischen oder vorsichtigen Essern oft das Gleiche angeboten, wirken Fachkräfte dem natürlichen Erlernen und Ausprobieren entgegen.

Keine Verbote

Ein gesundes Kind sollte nicht aus übertriebener Vorsicht von Nahrungsmitteln ferngehalten werden, die als ungesund gelten. Ein Kind kann und darf – seinem Alter entsprechend – alle Nahrungsmittel essen. Werden hingegen Lieblingsgerichte wie Pizza in der Einrichtung tabuisiert, machen Fachkräfte Ungesundes noch attraktiver. Stattdessen kann das Küchenteam Pommes oder Pizza in einer gesunden Variante zubereiten und mit etwas Vollwertigem wie einem Blattsalat kombinieren. Im Optimalfall helfen die Mädchen und Jungen bei der Zubereitung mit und finden dadurch einen ganz praktischen und sensorisch vielfältigen Zugang zu neuen Lebensmitteln. Strikte Verbote und feste Verhaltensvorschriften, wie sie in der Vergangenheit praktiziert wurden, haben dagegen kaum Erfolge erzielt. Sie können die Orientierung des Essverhaltens sogar erschweren und unter Umständen Essstörungen fördern.

Hand in Hand mit den Familien

Auch die Eltern sollten bei der Ernährungserziehung mit ins Boot geholt werden. Eine gezielte Aufklärung, die verständlich ist und Interesse weckt, ist notwendig, damit auch sie ihrer Vorbildfunktion gerecht werden und Kindern die Möglichkeit für genussreiche Mahlzeiten geben können. Denn viele Familien lassen sich von veralteten Ernährungsempfehlungen und zu viel Sorge beeinflussen.

Das Kleinkindalter bietet Kita und Tagespflege – Hand in Hand mit den Familien – die einmalige Chance, Mädchen und Jungen eine positive Basis im Ernährungsverhalten mit ins Leben zu geben. Eine frühzeitige Schulung aller Sinne mit Spaß und Freude bei der Nahrungszubereitung und beim Essen bietet die Möglichkeit, bereichernde Vielfalt bewusst zu erleben. Das führt automatisch zu einem entspannten, gesundheitsfördernden Essverhalten – ein Leben lang.

Literatur

Maier, A. S. et al.: Breastfeeding and experience with variety early in weaning increase infants' acceptance of new foods for up to two months. In: Clinical Nutrition 27(6)-2008, S. 849–857

Maier, A. S. et al.: Food-related sensory experience from birth through weaning: contrasted patterns in two nearby European regions. In: Appetite 49(2)-2007a, S. 429–440

Maier-Nöth, A. et al.: The Lasting Influences of Early Food-Related Variety Experience: A Longitudinal Study of Vegetable Acceptance from 5 Months to 6 Years in Two Populations. In: PLoS ONE 3-2016

Die vollständige Literaturliste erhalten Sie auf www.kleinstkinder.de oder auf Anfrage bei der Redaktion.

Andrea Maier-Nöth

V. MAHLZEITEN MITEINANDER GESTALTEN

Essen verbindet

Eine entspannte Atmosphäre, Rituale und die Möglichkeit zu partizipieren, erleichtert es Kleinstkindern, sich am Esstisch als Teil einer Gemeinschaft zu erleben.

Foto: Harald Neumann

1. Entspannt am Tisch

Es ist 11:45 Uhr in der Kinderkrippe „Maria Hilf". Deshalb knurrt Marcel auch schon der Magen. Leon hingegen hat schlecht geschlafen und gähnt ausgiebig, während Marie und Ekin ganz aufgekratzt sind und noch gar nicht ans Essen denken.

Mahlzeiten mit Kleinkindern bedeuten für Fachkräfte oft Stress. Das hängt nicht nur damit zusammen, dass die Essenssituation vorbereitet werden muss (Spiel beenden, Hände waschen, Essen vorbereiten, Tisch decken etc.), sondern auch an den Mahlzeiten selbst. Denn Kleinkinder haben je nach Alter und Temperament am Esstisch ganz unterschiedliche Bedürfnisse und müssen individuell unterstützt werden. Überträgt sich dieses Stressempfinden auf die – oft schon müden – Mädchen und Jungen, verlaufen Mahlzeiten alles andere als entspannt.

Damit beim Essen eine möglichst gute Personalsituation herrscht, empfiehlt es sich, dass Fachkräfte ihre Mittagspause eher in die Schlafenszeit legen. Zur entspannten Atmosphäre am Tisch gehören außerdem gut geplante Abläufe und Routinen. Verlässliche Essenszeiten und Rituale, die alle Beteiligten verinnerlicht haben, strukturieren die Mahlzeiten und tragen dazu bei, dass alle, Kinder wie Fachkräfte, sie genießen können und sich als Teil einer Gemeinschaft wahrnehmen.

Die richtige Essumgebung

Auch die Essumgebung bestimmt darüber mit, ob die Mahlzeiten für Kinder und Fachkräfte zu einem stressfreien Erlebnis werden. Wenn möglich, sollte in festen Gruppen gegessen werden. Sitzen Kleinkinder in Sechsergruppen am Tisch zusammen, entsteht Gemütlichkeit und die Fachkraft kann sich den einzelnen Kindern gut zuwenden. Um Hektik und Unruhe zu vermeiden, betreten Eltern oder Fachkräfte aus anderen Gruppen während des Essens nur ausnahmsweise den Raum.

Zusätzlich bietet es sich an, die Mittagsmahlzeit der Jüngsten vorzuziehen, denn sie brauchen intensivere Unterstützung. Auch wenn eine Ü3-Gruppe angeschlossen ist, sollten Fachkräfte über die Unterschiede der Essensstruktur und -kultur nachdenken. Unter Dreijährige sind noch sehr mit sich selbst und der neuen Umgebung beschäftigt, während ältere Kita-Kinder sich wesentlich stärker zur Gruppe hin orientieren und sicherer im Alltag bewegen. Für die jüngeren Mädchen und Jungen empfiehlt sich ein Essbänkchen nach Emmi Pikler (s. PRAXISTIPP).

Neben dem passenden Sitzarrangement erleichtert ein gut bestückter Essenswagen die Mahlzeit. Auf diesem sollten sich die Speisen mit dem nötigen Zubehör befinden. Das bedeutet:

- handgerechtes Besteck und Geschirr (nicht zu schwer und nicht aus Plastik),
- Gläser (möglichst aus bruchsicherem Glas),

PRAXISTIPP

Pikler-Bänkchen

Für Kinder, die gerade erst anfangen, selbstständig essen zu lernen und schon allein sitzen können, eignet sich ein Essbänkchen nach Emmi Pikler. Dieses kann das Kind decken und sich ohne Unterstützung hinsetzen. Dass Tisch und Bänkchen nicht verrutschen und fest miteinander verbunden sind, gibt Sicherheit. Auch lässt sich die Tischplatte der Körpergröße anpassen, sodass die Füße des Kindes jederzeit Kontakt zum Boden haben. Indem jeder sein eigenes Bänkchen hat, können sich die Mädchen und Jungen gut auf sich selbst konzentrieren und werden nicht so leicht vom Gruppengeschehen abgelenkt.

- Schüsseln (nicht zu hoch, eher breit und flach bzw. transparent, damit die Kinder sehen, was sie schöpfen),
- Eimer oder Schüssel, in denen die Kinder ihre Essensreste selbstständig entsorgen können,
- Waschlappen für das spätere Säubern der Hände und Münder (Hygieneregeln beachten),
- Schöpfkellen mit kurzem Stiel und kleinen Schöpfflächen.

Abläufe & festliche Rituale

Rituale und ein fester Ablauf beim Essen vermitteln den Kindern Sicherheit und Geborgenheit, denn sie „bauen durch gleichartige Routinen eine Art Drehbuchskript zu jeder einzelnen Situation auf" (Gutknecht 2012, S. 5). Je klarer der Alltag strukturiert ist, desto leichter fällt es ihnen, ein entsprechendes Skript abzuspeichern und es anzupassen. Läuft der Kita-Alltag immer relativ gleich ab, erleichtert dies den Jüngsten auch, sich einzugewöhnen (Gutknecht/Höhn 2017).

Die Essensgestaltung beginnt deshalb nicht erst mit dem Einnehmen

Fotos: Katharina Naegele; Harald Neumann

TIPP

Besondere Tage

Dass die Essenssituation von einem festen Ablauf profitiert, schließt nicht kategorisch aus, dass es auch besondere Tage geben darf. Gemeinsam mit der Gruppe Geburtstag zu feiern, schafft tolle Erlebnisse und Erinnerungen. Dafür bekommt bspw. das Geburtstagskind ein besonderes Tischset und es gibt für alle Waffeln. Auch können Eltern zu diesem speziellen Anlass Obst, Brezeln oder Knabbereien mitbringen. Wichtig ist lediglich, dass sich das Team im Voraus auf entsprechende Regeln einigt. Selbst zubereitete, insbesondere kühlpflichtige Speisen sind aus hygienischen Gründen abzulehnen.

Tischsprüche machen Spaß und fördern die Gemeinschaft

der Mahlzeit: Durch einen entspannten kleinen Übergang (Mikrotransition) von Spielzeit zu Essenszeit verläuft die gesamte Tischsituation harmonischer. Pädagogische Fachkräfte sollten den Kindern diesen Übergang ankündigen und sie in die Vorbereitungen einbeziehen.

Tischsprüche

Da Tischsprüche einen klaren Übergang zum Essen markieren, stärken sie ebenfalls die Tischgemeinschaft. Zudem fördern sie die Sprachkompetenz. Stellen Fachkräfte den Kleinkindern laminierte Karten zur Verfügung, auf deren Vorderseite sich ein passendes Symbol und auf deren Rückseite sich ein lustiger Spruch befindet (s. PRAXISTIPP), können schon die Jüngsten jeden Tag zwischen zwei oder drei Karten wählen. Dann sagen alle gemeinsam den ausgewählten Tischspruch auf und halten sich dabei an den Händen.

2. Kommunikation beim Essen

Ob laute, stille, ältere oder sehr junge Kinder: Pädagogische Fachkräfte sollten darauf achten, dass sich jedes Kind – entsprechend seiner sprachlichen Fähigkeiten – am Tischgespräch beteiligen und sich mit anderen austauschen kann. Denn der Esstisch bietet nicht nur zahlreiche Sprachanlässe, hier werden auch soziale Regeln eingeübt und (vor-)gelebt. Herrscht eine ruhige Atmosphäre, können die Kinder ihre Tischnachbarn interessiert beobachten und ihr Essverhalten nachahmen. Andere tauschen ihre Geschmackserlebnisse aus. Dadurch entsteht ein lebendiges, gemeinsames Lernen.

Auch die Fachkräfte sind als Vorbilder und Kommunikationspartner Teil dieses Prozesses: „Was ist das? Was magst du besonders gerne? Ist das süß oder sauer?“ Fragen wie diese animieren Kinder, neue Geschmackserlebnisse zu sammeln und ausgiebig zu genießen.

3. Tischregeln

Nicht nur beim Übergang zur Essenssituation verinnerlichen Kinder ein Skript, auch der Ablauf der Mahlzeit wird abgespeichert – sowohl jener zu Hause als auch der in der Kita. Darum ist es von Vorteil, wenn sich die pädagogischen Fachkräfte gut absprechen, wie sie die alltägliche Essenssituation gestalten. Einige Grundregeln haben sich bewährt und sollten möglichst bei jeder Mahlzeit gemeinsam umgesetzt werden:

- Gemeinsames Händewaschen findet vor dem Essen statt.
- Nach dem Tischspruch beginnen alle gleichzeitig mit dem Essen.
- Kinder nehmen sich die Speisen selbst (ggf. mit Hilfe).
- Alle nehmen nur kleine Portionen, dafür aber nach Bedarf mehrmals.
- Bevor sich die Kinder etwas Neues nehmen, essen sie erst den Teller leer.
- Es darf mit den Händen gegessen werden.
- Getränke sollen nicht ins Essen gekippt werden.
- Der Teller wird selbstständig (ggf. mit Hilfe) abgeräumt.
- Spielsachen dürfen nicht mit an den Tisch.

Gleichzeitig sollten zu viele Verbote und Vorschriften vermieden werden. Eine entspannte Atmosphäre sowie Genuss und Freude am gemeinsamen Essen stehen im Vordergrund. Wenn unter Dreijährige sich nicht an die Tischregeln halten, sollten Fachkräfte deshalb gelassen bleiben. Im Kleinkindalter kommt es vor, dass mit Essen gespielt oder sogar Besteck geworfen wird. Das Team hat

Foto: Harald Neumann

dabei die Aufgabe, das Kind freundlich und ruhig anzusprechen. Ist ihm langweilig? Möchte es Aufmerksamkeit? Oder experimentiert es vielleicht gerade mit der Schwerkraft?

4. Alle machen mit!

Echte Gemeinschaft entsteht nur, wenn Kinder ernst genommen werden und aktiv an den Mahlzeiten partizipieren können – vor, während und nach dem Essen. Dabei gilt der Grundsatz, dass jedes Kind selbst entscheidet, wie viel und was es essen oder probieren möchte.

Vor dem Essen

Indem alle bei der Vorbereitung mithelfen, jedes Kind seine Aufgabe bekommt und die Älteren den Jüngeren bei Bedarf helfen, lernen sie: Wir sind ein Team. Möglichst selbstständig die Hände zu waschen und das Lätzchen selbst auszuwählen und anzuziehen, fördert die Autonomie genauso, wie z. B. die Mandarinen für den Obstsnack zu schälen, beim Broteschmieren zu helfen oder Quark anzurühren.

Auch beim Tischdecken können die Kinder partizipieren: Mit einer Betreuungsperson den Essenswagen aus der Küche holen, eine Tischdecke oder Sets auslegen, Geschirr verteilen, Getränke vorbereiten, die Tischspruchkarten holen etc. sind typische Aufgaben, in die unter Dreijährige eingebunden werden können. Hier zu helfen, macht Spaß, fördert das Zählen und bereitet auf die gemeinsame Mahlzeit vor.

Beim Frühstück und Nachmittagssnack können die Fachkräfte gemeinsam mit den Kindern überlegen, was die Gruppe gerne essen möchte.

Beim Essen

Bei der Essensvergabe greifen viele Kitas auf das Modell der Selbstbedienung zurück. Diese Autonomie funktioniert gut, wenn Fachkräfte die Kinder begleiten und bei Bedarf unterstützen. Da die Jüngsten erst lernen müssen, wie viel sie essen können, sollten Fachkräfte sie u. a. bei der Portionsgröße sanft anleiten. Gleichzeitig muss jedem Kind die Sicherheit gegeben werden, dass es sich noch einmal nachnehmen kann und satt wird. Dass nicht alle Speisen unbegrenzt zur Verfügung stehen und es pro Kind z. B. nur ein Stück Fisch oder eine Frikadelle gibt, wird ebenfalls gemeinsam besprochen.

Wird das Essen an die Gruppe verteilt, sollte darauf geachtet werden, wie die Kinder es auf ihrem Teller angeordnet haben möchten. Denn viele bevorzugen es, die einzelnen Komponenten getrennt zu genießen, und vermischen sie ungern.

Nach dem Essen

Dass Kleinkinder am Tisch sitzen bleiben müssen, obwohl sie schon lange satt sind, ist nicht mehr zeitgemäß. Wird im Gruppenraum gegessen, können die Schnellesser bereits in einem abgetrennten Bereich spielen gehen. Damit sie keine Essensreste im Raum verteilen, bietet sich ein vorbereiteter nasser Waschlappen an. Damit können sich die Kinder selbst den Mund und die Hände reinigen, bevor sie mit dem Spiel beginnen.

Hat die gesamte Gruppe ihre Mahlzeit beendet, bringt ein Kind den Wagen wieder in die Küche und der Tisch wird abgewischt. Auch hier können selbstverständlich alle einbezogen werden. Selbst wenn die Jüngsten zunächst beim Tischwischen nur zuschauen oder mit dem feuchten Lappen in der Hand experimentieren, ist das als Erfolg zu werten. Ermutigen Fachkräfte sie immer wieder, sich aktiv am Essensalltag zu beteiligen, wachsen ihre Kompetenzen täglich. Das stärkt langfristig nicht nur das einzelne Kind, sondern auch die Gemeinschaft!

PRAXISTIPP

Tierisch lustige Tischsprüche

Es war ein Krokodil,
das fraß und fraß so richtig viel.
Es schlurfte und es schmatzte,
hoffentlich nicht, bis es platzte.
(Symbol: Krokodil)

Piep, piep, Mäuschen,
bleib in deinem Häuschen.
Wir essen unsere Teller leer,
dann bleibt für dich
kein Krümel mehr.
Widewidewitt,
guten Appetit!
(Symbol: Maus)

Viele kleine Fische
schwimmen jetzt zu Tische,
reichen sich die Flossen,
dann wird kurz beschlossen,
jetzt nicht mehr zu blubbern,
sondern genüsslich zu futtern!
Guten Appetit!
(Symbol: Fisch)

Rolle, rolle, rolle,
mein Teller, der ist volle,
mein Magen, der ist leer,
er brummt wie ein Bär,
er brummt wie ein Brummer,
wir wünschen guten Hunger!
(Symbol: Bär)

Literatur

Gutknecht, D.: Die Antwort zählt. Richtiges Eingehen auf Kleinkinder. In: EssPress 3-2012, S. 5

Gutknecht, D./Höhn, K.: Essen in der Kinderkrippe. Achtsame und konkrete Gestaltungsmöglichkeiten. Freiburg: Herder 2017

Katharina Naegele

Foto: Katharina Naegele

VI. MIT KLEINSTKINDERN BACKEN & KOCHEN

Ran an die Töpfe!

Wie eine gemeinsame Kochaktion in Kita und Tagespflege kinderleicht gelingt? Mit einer guten Vorbereitung, dem nötigen Know-how und einfachen wie schmackhaften Rezepten.

1. Die Küchenaktion planen

Bei der gemeinsamen Zubereitung lernen Kinder natürliche Lebensmittel unmittelbar kennen. Wenn Fachkräfte die Aktion gut planen, die Hygieneregeln kennen und zu den richtigen Zutaten greifen, haben schon die Jüngsten viel Spaß in der Küche.

Lebensmittel & Küche vorbereiten
Ob mit der Kindergruppe oder allein: Der Einkauf frischer Zutaten sollte zeitnah vor dem Kochen stattfinden, möglichst ohne Zwischenlagerung (s. INFO). Damit während der Kochaktion für die Mädchen und Jungen keine langweiligen Pausen entstehen, empfiehlt es sich, die Nahrungsmittel vorzubereiten. Das bedeutet:

- Gemüse & Obst waschen und ggf. schälen,
- Kräuter waschen und trocken tupfen,
- Zutaten, die gegart verarbeitet werden, vorkochen.

Da sich die Lebensmittel in diesem Prozess verändern, bietet sich ein spannender Bildungsanlass: Fachkräfte können den Kleinkindern die Zutaten im Originalzustand (Karotte mit Grün, Schale, Wurzel, Erde) und

PRAXISTIPP

Vom Korn zum Mehl

Eindrucksvolle Mühlräder, riesige Säcke, feine Siebe und tonnenschwere Mühlsteine: Wenn Kinder gemeinsam eine traditionelle Mühle besuchen, gibt es immer etwas zu bestaunen. Zurück in der Kita können sie dann auch selbst Hand anlegen: Organisieren Fachkräfte eine Getreidemühle oder eine handbetriebene Kaffeemühle, helfen bereits die Jüngsten tatkräftig mit, Körner zu feinem Vollkornmehl zu mahlen.

Foto: Angelika Hiller

INFO

Kleine Hygienekunde

Eine gute Hygienepraxis verringert zum einen die Gefahr, dass unter Dreijährige durch den Verzehr der zubereiteten Speisen erkranken, zum anderen können Fachkräfte damit von Anfang an Regeln vermitteln, welche die Kinder mit zunehmendem Alter dann ganz selbstverständlich einhalten. Um das nötige Know-how sicherzustellen, muss für Fachkräfte, die die Zubereitung begleiten, regelmäßig eine Belehrung nach § 43 des Infektionsschutzgesetzes stattfinden. Außerdem gelten folgende Hygieneregeln (Sarah Wiener Stiftung 2019):

- **Gruppe:** Eine Kochaktion in der Kita muss in einer festen Gruppe stattfinden. Kinder außerhalb dieser Gruppe dürfen nicht mitessen.
- **Gesundheit:** Wer Durchfall, Bauchschmerzen, eine laufende Nase oder einen schmerzenden Hals hat, darf nicht mitmachen.
- **Arbeitsplatz:** Dieser muss vor der Küchenaktion gründlich gereinigt werden. Am besten verwendet man als Unterlage eine Wachstischdecke. Da sich an abgenutzten Stellen Mikroorganismen festsetzen und vermehren können, darf sie nicht beschädigt sein. Es empfiehlt sich, einen Eimer mit lauwarmem Wasser, Spülmittel und einem Reinigungstuch parat zu haben, um die Arbeitsfläche ggf. zwischendurch zu reinigen.
- **Kleidung:** Zum Kochen wird saubere Arbeitskleidung getragen (z. B. Kinder-Kochschürzen oder große T-Shirts). Diese Schutzkleidung wird nach jedem Gebrauch bei 60 °C gewaschen. Lange Haare müssen zusammengebunden werden.
- **Nies- & Hustetikette:** Man wendet sich vom Gegenüber und vom Lebensmittel ab und hustet oder niest in die Armbeuge.
- **Handhygiene:** Vor der Kochaktion, nach dem Windelwechsel, nach Kontakt mit Abfällen, nach dem Putzen von Obst und Gemüse und nach dem Husten, Niesen oder Naseputzen werden die Hände gründlich gewaschen.
- **Lagerung:** Die eingekauften Zutaten sollten bis zur Verarbeitung kühl und trocken gelagert werden. Um die Kühlkette nicht zu unterbrechen, werden sie vom Supermarkt am besten in einer Kühltasche und direkt zur Kita transportiert. Angebrochene Packungen sollten unter Berücksichtigung des Mindesthaltbarkeitsdatums in sauberen, lebensmittelechten Behältern gelagert werden (erkennbar am Messer-und-Gabel-Symbol).
- **Kochwerkzeuge:** Utensilien von zu Hause gehören vor Gebrauch in die Spülmaschine der Einrichtung.

nach der Bearbeitung (ohne Grün, gewaschen und geschält) präsentieren. „Wer erkennt das Gemüse? Was hat sich verändert?"
Neben den Zutaten sollten auch alle benötigten Küchenutensilien bereitliegen. Wenn besondere Gerätschaften gebraucht werden, sollten Fachkräfte das rechtzeitig mit dem Küchenpersonal absprechen. Am besten erstellt das Team bereits einige Tage vorher eine Liste.

Kleine Würzkunde

Für eine starke Geschmackswahrnehmung brauchen Kinder keine kräftige Würzung. Da sie intensiver schmecken als Erwachsene, gilt die Grundregel: Empfinden wir ein Gericht als etwas fade, ist es für die Jüngsten meist genau richtig. Fachkräfte sollten sich beim Kochen deshalb besonders mit Salz und Schärfe zurückhalten. Aber auch andere Gewürze sollten nur mäßig und zur Unterstützung des Eigengeschmacks der Lebensmittel eingesetzt werden. Frische Kräuter können zwar – wenn die Kinder sie mögen – großzügiger verwendet werden. Allerdings sollten kleine und große Köche nicht zu viele Kräuter kombinieren.

Kleine Mehlkunde

Weizen-, Dinkel- oder Roggenmehl gibt es in verschiedenen Ausmahlungsgraden, die mit einer Typenzahl versehen werden (z.B. Type 405 = helles Weizenmehl). Je höher die Zahl, desto mehr wertvolle Inhaltsstoffe wie Mineral- und Ballaststoffe sind darin enthalten. Da Vollkornmehl aus dem vollen Getreidekorn gewonnen wird, steckt darin die ganze Kraft des Korns (s. PRAXISTIPP). Zum Backen in der Kita eignen sich vor allem Dinkel- und Weizenmehl. Beides ist überall erhältlich und lässt sich kinderleicht verarbeiten. Mittlerweile findet man in den Supermarktregalen zwar immer öfter auch glutenfreie Mehlsorten, wie z.B. aus Buchweizen oder Lupinen. Da diese jedoch über besondere Backeigenschaften verfügen, können sie klassische Sorten nicht ohne Weiteres ersetzen.

Kleine Süßungsmittelkunde

Süße Leckereien ganz aus der Kita zu verbannen, geht an der Lebenswelt der Kinder vorbei. Generell gilt jedoch: Naschereien sollten die Ausnahme bleiben und Mahlzeiten so wenig zugesetzte Süßungsmittel wie möglich enthalten.
Die folgenden Rezepte verwenden üblichen Haushaltszucker, da er überall erhältlich und kostengünstig

ist. Selbstverständlich können Fachkräfte für Kinder nach dem ersten Lebensjahr auch zu Süßungsmitteln wie Agavendicksaft oder Ahornsirup bzw. Honig greifen. Allerdings sind diese Alternativen kaum gesünder. Die enthaltenen Vitamine und Mineralstoffe spielen bei der verwendeten Menge eine vernachlässigbare Rolle. Um die Mädchen und Jungen nicht an süße Kost zu gewöhnen, empfiehlt es sich darum, jedes Süßungsmittel nur in geringen Mengen zu verwenden.

2. Kinderleichte Rezeptideen

Die in den Rezepten angegebenen Mengen reichen für fünf Kinder plus pädagogischen Happen für ein bis zwei pädagogische Fachkräfte. Ein Schneidebrett plus scharfes Messer für die Fachkraft, Schalen oder Schüsseln für die Zutaten sowie ein paar Löffel gehören zur Grundausstattung dazu. Hygienisch anspruchsvolle Zutaten wie Eier oder Hackfleisch fehlen bewusst in den Rezepten. Da Mehl krankheitserregende Keime wie E.coli-Bakterien enthalten kann, sollten Kleinkinder nicht vom rohen Teig naschen.

Grundrezept Hefeteig

BENÖTIGTE ZUTATEN & UTENSILIEN:

- 150 g Weizenmehl (Type 550 bzw. 405)
- 150 g Weizen- oder Dinkelvollkornmehl (wer keine 2 Sorten Mehl kaufen möchte, nimmt 300 g Weizenmehl Type 1050)
- 1/2 Päckchen Trockenhefe
- Wasser (ca. 150 ml)
- 1 EL Rapsöl
- 1/3 TL Salz
- Utensilien: Küchenwaage, Messbecher, Küchenmaschine mit Knethaken oder Rührlöffel, Rührschüssel, angefeuchtetes sauberes Geschirrtuch, Backpapier

SO WIRD'S GEMACHT:

Die Zutaten abwiegen oder abmessen und alle (bis auf das Wasser) in eine Rührschüssel geben. Mit der Küchenmaschine mischen, das Wasser dazugeben und 5 Minuten kneten. Wer keine Küchenmaschine hat, mischt alle Zutaten mit dem Rührlöffel und knetet den Teig dann mit den Händen auf der Arbeitsfläche zu einer homogenen Masse. Ist der Teig sehr klebrig, kommt noch etwas Mehl dazu, bis er sich gut mit den Fingern verarbeiten lässt.

Die Schüssel wird mit dem feuchten Tuch abgedeckt und an einen warmen Ort gestellt, damit der Teig gehen kann, bis er das doppelte Volumen hat. Dann den Teig nochmals kneten und etwa 5 Minuten ruhen lassen. Alle Varianten werden bei 180 °C bis 200 °C Umluft im vorgeheizten Backofen gebacken.

Brötchen

BENÖTIGTE ZUTATEN & UTENSILIEN:

- Grundrezept wie gehabt
- 2 EL feine Haferflocken
- 2 EL Leinsamen oder Sonnenblumenkerne
- Utensilien: s. Grundrezept

SO WIRD'S GEMACHT:

Teilen Sie den Teig in 12 Portionen und lassen Sie diese 5 Minuten ruhen. Dann formen die Kinder Kugeln daraus. Diese werden in den Haferflocken, Leinsamen oder Sonnenblumenkernen gewälzt und leicht auf das mit Backpapier ausgelegte Blech gedrückt.

Jetzt dürfen die Teiglinge, abgedeckt mit dem feuchten Tuch, noch einmal 15 Minuten gehen, bevor sie bei 180 °C ca. 20 Minuten gebacken werden.

„Wir machen mit!" Schon die Jüngsten haben viel Spaß beim Kochen und Backen

Pizza

BENÖTIGTE ZUTATEN & UTENSILIEN:

- Grundrezept wie gehabt (oder Quark-Öl-Teig)
- 200 ml Tomatenpüree
- 250 g Gemüse (Paprika, Tomate, Zucchini, Gemüsemais)
- 100 g geriebener Käse
- Utensilien: s. Grundrezept, pro Kind ein kleiner Löffel & eine kleine Schüssel

SO WIRD'S GEMACHT:

Teilen Sie den Teig in 6 Portionen und schneiden Sie das Gemüse zur Vorbereitung in kleine Würfel. Dann wird jede Portion mit den Händen platt gedrückt und auf einem Stück Backpapier platziert. Im nächsten Schritt können die Kinder mit ihrem Löffel etwas Tomatenpüree auf ihren Teigfladen verteilen. Danach bekommen alle die gewünschten Toppings in ihre Schüssel und verteilen diese auf der Pizza. Zum Schluss wird nach Belieben Käse darübergestreut und die Pizza bei 180 °C 13 bis 15 Minuten gebacken.

Sesamstangen

BENÖTIGTE ZUTATEN & UTENSILIEN:

- Grundrezept wie gehabt
- 4 EL Sesamsamen
- Utensilien: s. Grundrezept plus ein flacher Teller für den Sesam

SO WIRD'S GEMACHT:

Teilen Sie den Teig in 12 Portionen. Jetzt wird gerollt: Auf dem Tisch eine fingerdicke Wurst formen und anschließend einmal in Sesam wälzen. Ist die Sesamstange auf dem mit Backpapier ausgelegten Blech platziert, kommt sie sofort bei 200 °C für ca. 15 Minuten in den Ofen.

Grundrezept Quark-Öl-Teig

BENÖTIGTE ZUTATEN & UTENSILIEN:

- 140 g Weizenmehl (Type 550 oder 405)
- 140 g Weizen- oder Dinkelvollkornmehl (wer keine 2 Sorten Mehl kaufen möchte, nimmt 280 g Weizenmehl Type 1050)
- 2 TL Backpulver
- 1 EL Zucker oder etwas Salz
- 100 g Magerquark
- 80 ml Milch
- 60 g Rapsöl
- Utensilien: Küchenwaage, Messbecher, Küchenmaschine mit Knethaken oder Rührlöffel, Rührschüssel, Backpapier

SO WIRD'S GEMACHT:

Wiegen bzw. messen Sie gemeinsam mit den Kindern alle Zutaten ab und geben Sie diese dann in eine Rührschüssel. Mit der Küchenmaschine kneten, bis ein geschmeidiger Teig entsteht. Wer keine Küchenmaschine hat, mischt alle Zutaten mit dem Rührlöffel und knetet den Teig anschließend mit den Händen. Das ist für die Kinder ein besonders sinnliches Erlebnis. Fühlt sich der Teig sehr klebrig an, kommt noch etwas Mehl dazu, bis er sich gut mit den Fingern verarbeiten lässt. Alle Varianten werden bei 170 °C bis 180 °C Umluft im vorgeheizten Backofen gebacken.

Pikanter Frischkäsefladen

BENÖTIGTE ZUTATEN & UTENSILIEN:

- Grundrezept Quark-Öl-Teig (mit Salz) (Alternative: Hefeteig)
- 200 g Kräuterfrischkäse
- evtl. etwas Milch
- 2 bis 3 Frühlingszwiebeln
- 50 g geriebener Käse
- Utensilien: s. Grundrezept, pro Kind ein kleiner Löffel & eine kleine Schüssel

SO WIRD'S GEMACHT:

Zunächst die Frühlingszwiebeln klein schneiden und den Kräuterfrischkäse evtl. mit etwas Milch verrühren, damit er gut streichbar ist. Dann den Teig in 6 Portionen teilen, mit den Händen flach drücken und auf einem Backpapier platzieren. Auf jeden Fladen kommt etwas Frischkäse, den die Kinder mit ihrem Löffel verteilen können. Anschließend erhält jedes Kind Frühlingszwiebeln in sein Schüsselchen, um sie auf dem Fladen zu verteilen. Wer möchte, streut Käse darüber. Nach 12 bis 15 Minuten bei 180 °C ist das leckere Mittagessen fertig.

Süße Obsttörtchen

BENÖTIGTE ZUTATEN & UTENSILIEN:

- Grundrezept Quark-Öl-Teig (ohne Zucker)
- 60 g gelbe oder rote Marmelade bzw. Gelee
- 500 g frisches, regionales Obst oder Beeren, z.B. Erdbeeren, Kirschen, Äpfel, Mirabellen, Zwetschgen (Menge reicht auch zum Naschen vor dem Backen)
- Utensilien: s. Grundrezept, pro Kind ein kleiner Löffel & eine kleine Schüssel

SO WIRD'S GEMACHT:

Entkernen Sie vor der gemeinsamen Backaktion ggf. das Obst und

> **TIPP**
>
> **Plätzchenbacken**
>
> Aus der süßen Variante des Quark-Öl-Teigs können die Kinder Figuren ausstechen. Diese werden vor dem Backen dünn mit zerlassener Butter bestrichen und bei Bedarf verziert. Bei 180 °C im Ofen sind sie in ca. 10 Minuten fertig.

Fotos: Angelika Miller

schneiden Sie es klein. Jetzt wird der Teig in 6 Portionen geteilt, mit den Händen flach gedrückt und auf einem Backpapier platziert. Auf jedes Törtchen kommt ein kleiner Klecks Marmelade, der von den Mädchen und Jungen mit dem Löffel verteilt wird. Sobald ihre Schüsselchen mit Obst gefüllt sind, können die Mädchen und Jungen den Teig damit dekorieren. Die Törtchen werden bei 170 °C ca. 15 Minuten gebacken. Als Nachtisch genügt die halbe Menge.

Kleine Burgerbar

BENÖTIGTE ZUTATEN & UTENSILIEN:

Für die Veggie-Patties:

- 100 g geschälte Hülsenfrüchte (z. B. rote oder gelbe Linsen)
- 15 g Zwiebeln
- 100 g Gemüse (z. B. Karotten oder Pastinaken)
- 25 g Weizenvollkornmehl
- Salz, Pfeffer, frische Petersilie
- 30 ml Rapsöl
- Utensilien: Pürierstab, Rührschüssel, Gemüsereibe, Rührlöffel, Backpinsel, Backpapier

Für den Kräuterdip:

- 150 g Magerquark
- 150 g saure Sahne
- eine Limette
- ein Bund frische Kräuter (z. B. Petersilie, Schnittlauch, Basilikum, Kerbel)
- Salz, Pfeffer
- Utensilien: Rührschüssel, Schneebesen, Zitruspresse

Für das Ketchup:

- 100 g Apfelmark
- 150 ml Tomatenpüree
- Salz, Curry
- Utensilien: Rührlöffel

SO WIRD'S GEMACHT:

Veggie-Patties:

Bereiten Sie zunächst die Masse vor: Hülsenfrüchte in der dreifachen Wassermenge über Nacht einweichen. Am nächsten Tag das überschüssige Wasser abgießen und das geraspelte Gemüse, die gehackte Zwiebel und die Hülsenfrüchte pürieren. Anschließend Mehl unterrühren und mit Salz und Pfeffer abschmecken.
Jetzt sind die Kinder an der Reihe: Sie zupfen die Petersilie und geben diese zur Masse. Sobald sie untergerührt ist, bekommt jedes Kind einen Löffel vom Linsenbrei in die Hand und formt daraus eine Kugel. Platt gedrückt legen die Kinder ihr Patty auf das mit Backpapier ausgelegte Backblech. Zum Schluss werden die Patties mit Öl bestrichen und bei 180 °C ca. 13 Minuten bei Umluft gebacken oder in der Pfanne gebraten.

Lecker! Linsenburger mit selbst gemachtem Ketchup

Kräuterdip:

Waschen Sie die Kräuter gründlich und tupfen Sie diese trocken. Anschließend zupfen die Kinder die Kräuter und verrühren den Quark und die saure Sahne mit dem Schneebesen. Die Limette halbieren, auspressen und dazugeben. Nachdem die Kräuter untergerührt sind, mit Salz und einem Hauch Pfeffer abschmecken.

Ketchup:

Apfelmark und Tomatenpüree gut verrühren. Mit ein wenig Curry und Salz abschmecken. Wer das Apfelmark selbst herstellen möchte, entkernt, schält und würfelt einen Apfel, kocht die Apfelstücke mit wenig Wasser weich und püriert diese anschließend.

Reichen Sie den Kindern zu den Patties und Dips selbst gebackene (oder gekaufte) Brötchen. Nun kann sich jedes Kind nach Lust und Laune seinen eigenen Burger zubereiten. Dazu gibt's knackige Gemüsesticks.

TIPP

Mit 2 EL Naturjoghurt und ein wenig Orangensaft lässt sich aus dem selbst gemachten Ketchup im Handumdrehen eine leckere Cocktailsoße zaubern.

Literatur

Sarah Wiener Stiftung: Gute Hygienepraxis beim Kochen mit Kindern. Merkblatt. 2019. https://sw-stiftung.de/fileadmin/content/00_startseite/03_Projekte/190802_SWS_Merkblatt_gute_Hygienepraxis_Online.pdf [17.06.2021]

Deutsche Gesellschaft für Ernährung e. V.: FIT KID – Rezeptdatenbank. 2019. https://www.fitkid-aktion.de/rezepte/rezeptdatenbank/ [07.06.2021]

Angelika Hiller

Foto: Angelika Hiller

Mahlzeiten in der Krippe achtsam und professionell gestalten

Dorothee Gutknecht / Kariane Höhn

Essen in der Kinderkrippe

Achtsame und konkrete Gestaltungsmöglichkeiten

112 Seiten | Kartoniert

€ 14,99 (D) | € 15,40 (A)

432 7680

In diesem Buch erhalten pädagogische Fachkräfte Impulse rund um die Gestaltung von Mahlzeiten in der Kinderkrippe. Es thematisiert die Entwicklung des Essens und Trinkens und wie diese Prozesse in der Krippe begleitet werden können. In gleichem Maße thematisiert der Band, wie Erzieherinnen über die Arbeit mit »Ankerlebensmitteln« eine Willkommenskultur unterstützen und wie sie Beziehungs- und Organisationsaspekte bei den Mahlzeiten in eine Balance bringen können.

Blick ins Buch:

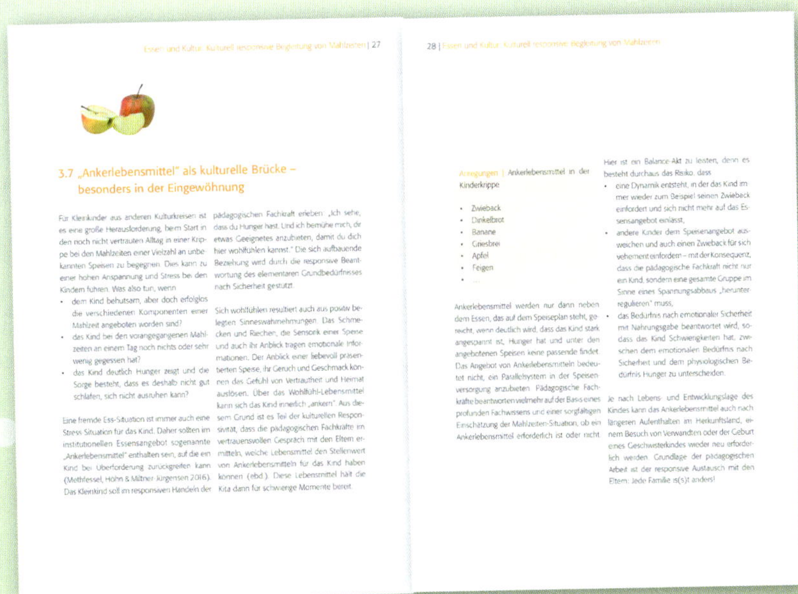

www.herder.de

HERDER

VII. KULTURSENSIBEL, NACHHALTIG, FLEISCHLOS

Ein bunter Esstisch

In der Kita treffen verschiedene (Ess-)Kulturen aufeinander. Wie können pädagogische Fachkräfte Mahlzeiten inklusiv und zukunftsorientiert gestalten, sodass sich jedes Kind mit seiner Essbiografie angenommen fühlt?

1. Vielfalt in der Kita

Die Lebenswelten der Kinder, die in der Kita gemeinsam essen, sind in den letzten Jahren deutlich vielfältiger geworden. Bunt gemischt treffen am Esstisch Mädchen und Jungen aus allen Schichten unserer Gesellschaft und aus zahlreichen Kulturkreisen aufeinander. Sowohl die Ernährungsgewohnheiten als auch die Vorstellungen davon, was eine „gute Mahlzeit" ausmacht, hängen stark vom kulturellen Kontext und dem Lebensstil der Familie ab. Steht für einige vor allem die Sättigung im Vordergrund, legen andere immer mehr Wert auf einen ökologischen, nachhaltigen Lebensstil. Religiös geprägte Ernährungstraditionen von Familien mit und ohne Migrationshintergrund bestimmen ebenfalls die Esskultur. Auch wenn es die perfekte Ernährung nicht gibt, haben Fachkräfte viele unterschiedliche Möglichkeiten, ein Kind für gutes Essen zu begeistern. Damit sich jedes einzelne angenommen fühlt und individuell in seiner Essentwicklung begleitet wird, müssen beide Lebenswelten – das Elternhaus und die jeweilige Einrichtung – sinnvoll zusammenarbeiten und einander ergänzen. Je mehr Anknüpfungspunkte sie schaffen, desto wohler fühlt sich das Kind.

2. Kultursensibles Verpflegungskonzept

Es ist eine große Bereicherung, aber auch eine Herausforderung, Kleinkinder in ihren Essbiografien kultursensibel zu begleiten. Für die Kita, aber auch in der Tagespflege lohnt es sich deshalb, das eigene Ernährungs-

Fotos: Harald Neumann

ÜBERSICHT

Leitfaden für ein kultursensibles Verpflegungskonzept

Mahlzeiten-Angebot

- ausgewogenes Essensangebot, möglichst mit regionalen und saisonalen Lebensmitteln
- kulturspezifische Gestaltung (z. B. Thementage mit ländertypischen Speisen)
- kultursensible Kommunikation mit den Eltern (Frage nach Essgewohnheiten und Tischsitten; bebilderter bzw. mehrsprachiger Speiseplan …)
- Regeln zu mitgebrachtem Essen und Getränken (z. B.: Wie feiern wir Geburtstage?)
- Berücksichtigung religiöser Feiertage bzw. kulturspezifischer Essgewohnheiten (z. B. Schweinefleischverzicht im Islam, fleischloser Freitag im Christentum)

Ernährungsbildung

- kultursensible Rituale bei gemeinsamen Mahlzeiten (mehrsprachige Tischsprüche etc.)
- individuelle Begleitung der Mahlzeit unter Berücksichtigung kulturell geprägter Vorerfahrungen
- neue Geschmackserlebnisse ermöglichen (Vorbildfunktion der Fachkraft)

Partizipation

- Selbstständigkeit unterstützen (z. B. selbst schöpfen, in Vor- und Zubereitung einbeziehen)
- Mitwirkung bei der Speiseplangestaltung (Rezepte aus unterschiedlichen Kulturen)

Tischkultur

- Atmosphäre der Wertschätzung (z. B. Rücksichtnahme, Höflichkeit und Teilen)
- unterschiedliche Esskulturen einbinden (z. B. andere Ess-Techniken zulassen)

Über den Tellerrand

- pädagogische Angebote und Projekte (z. B. gemeinsames Kochen mit den Familien)
- interkulturelles Elterncafé zur informellen Vernetzung

Partizipation fördern – Kinder beteiligen

profil prüfend zu hinterfragen. Je eher das Verpflegungskonzept (s. Kapitel II) auf die individuellen Bedürfnisse der Kinder, die Rahmenbedingungen und strukturellen Voraussetzungen zugeschnitten wird, desto eher bewährt es sich im Alltag.

Gemeinsam zu mehr Diversität

Die Veränderung des Verpflegungskonzepts hin zu mehr Diversität erfordert vom gesamten Team Flexibilität, Offenheit und Reflexionsvermögen. Dies beginnt bereits bei der Gestaltung des Speiseplans: Wie lassen sich die unterschiedlichen Vorstellungen der Fachkräfte, Eltern und Kinder miteinander vereinbaren? Und wie können sie gemeinsam mit dem Küchenpersonal oder der Cateringfirma umgesetzt werden? Vor allem aber muss sich das pädagogische Team auf ernährungsbildende Ziele einigen (s. ÜBERSICHT).

Die eigene Essbiografie reflektieren

Für Fachkräfte, die täglich gemeinsam mit den Kindern essen, setzt eine kultursensible Essbegleitung voraus, sich mit der eigenen Biografie und den eigenen Verhaltensmustern auseinanderzusetzen. Fragen zu Tischsitten in der Kindheit und zum heutigen Essverhalten helfen bei diesem Prozess:

- Welche Esssitten und Tischregeln gab es bei uns zu Hause?
- Was heißt für mich „entspannt essen"?
- Wurde ich als Kind zum Essen gedrängt? Wann habe ich mich als selbstbestimmt erlebt?
- Esse ich manchmal aus Lust oder aus Langeweile?

Wie die Begleitung anderer Bildungsprozesse setzt auch eine gute Essbegleitung voraus, sich der eigenen Grundhaltung und der Vorbildrolle bewusst zu werden. Nur so ist es möglich, professionell zwischen eigenen Einstellungen und pädagogischem Bildungsauftrag zu unterscheiden.

3. Nachhaltig essen

Wie wir uns heute ernähren, beeinflusst nicht nur unser Wohlbefinden, sondern auch das Wohl künftiger Generationen (Deutsche Gesellschaft für Ernährung 2020). Immer mehr Familien und Einrichtungen legen daher Wert auf einen nachhaltigen Speiseplan. Komplexe Zusammenhänge wie der Klimawandel überfordern unter Dreijährige zwar noch. Eine spielerische, im Alltag gelebte Nachhaltigkeit führt sie jedoch behutsam an das Thema heran.

Regional & saisonal

Saisonal, regional und am besten in Bio-Qualität einzukaufen ist nicht nur klimafreundlich, diese Lebensmittel sind auch besonders nährstoffreich. Kooperationen mit einem (Bio-)Bauernhof ermöglichen dem Kita-Team, zumindest einen Teil der Lebensmittel direkt und ohne Verpackung oder lange Transportwege einzukaufen.

TIPP

Nachhaltige Miniprojekte

Die Kinder kaufen gemeinsam mit der pädagogischen Fachkraft unterschiedliche Apfelsorten ein und probieren diese während der nächsten Tage ausgiebig. Können die Mädchen und Jungen Geschmacksunterschiede feststellen? Besonders gut kommen z. B. Apfelspiralen aus der Apfelschälmaschine an. Die abfallenden Apfelschalen werden getrocknet und als Tee zubereitet.

Artgerechte Tierhaltung kann man mit Leih- oder Miethühnern erleben. Zieht das Hühnermobil für ein bis zwei Wochen in den Kita-Garten ein, wird schnell klar, warum ein Frühstücksei etwas ganz Besonderes ist.

Gemeinsam mit den Eltern können die Kinder während eines Ausflugs zu einer Streuobstwiese Äpfel, Birnen oder Quitten sammeln. In der Kita werden sie zu Saft gepresst oder zu Mus verarbeitet.

Im Winter fällt der Obst- und Gemüseteller dann zwar nicht ganz so reichhaltig aus. Das ist aber ernährungsphysiologisch kein Problem. Nicht immer bedeutet Geschmacksvielfalt, besonders ausgefallene oder ganz verschiedene Lebensmittel anzubieten. Auch die Geschmacksreize unterschiedlicher Sorten einer Obst- oder Gemüseart tragen dazu bei, Geschmack differenziert kennenzulernen. So können Kleinkinder z.B. in einem Miniprojekt verschiedene regionale Apfelsorten verkosten und verarbeiten (s. TIPP).

Resteverwertung

Auch ein ressourcenschonender Umgang mit Lebensmitteln gehört zur Nachhaltigkeit. Damit Kleinkinder nach ihrem Hungergefühl essen, dürfen Reste auf dem Teller bleiben. Damit möglichst wenig Reste entstehen, haben sich in der Praxis „Schöpfrunden" bewährt, bei denen die Kinder mit kleineren Kellen aus transparenten Servierschüsseln nur wenig nehmen. Die Küche liefert bei Bedarf Essen nach. In der Tagespflege können z. B. – unter Einhaltung der Hygieneregeln – übrig gebliebene Pellkartoffeln am nächsten Tag zu Bratkartoffeln verarbeitet werden. Überreife Äpfel eignen sich wunderbar, um sie mit den Kindern gemeinsam zu Apfelmus zu verkochen.

4. Fleischlos glücklich?!

Eine pflanzenbetonte Kost hat langfristig gesundheitliche Vorteile, schützt das Klima und schont Ressourcen. Deshalb überrascht es nicht, dass die *Deutsche Gesellschaft für Ernährung* neben Mischkost auch eine ovo-lacto-vegetarische Verpflegung für Kitas empfiehlt (Deutsche Gesellschaft für Ernährung 2020). Trotzdem bieten viele Einrichtungen noch immer zu viel Fleisch und Wurst an, sodass die Ernährung deutlich mehr tierisches Eiweiß als empfohlen enthält (Bertelsmann Stiftung 2014). Einrichtungen, die wenig, aber dafür hochwertiges Fleisch anbieten oder ganz auf eine vegetarische Verpflegung setzen, gehen einen anderen Weg. Dass hier ökologische oder ethische Diskussionen über den Fleischkonsum entfallen, entspannt den pädagogischen Alltag zusätzlich.

Pflanzliche Nährstoffe optimal nutzen

Fehlen Fleisch, Wurst und Fisch auf dem Teller, sollten andere Lebensmittelgruppen geschickt kombiniert werden, damit die Jüngsten gut mit allen Nährstoffen versorgt sind. Fachkräfte haben darum die Aufgabe, sich das entsprechende Know-how anzueignen. Vollwertige Speisen mit Vollkornprodukten, Hülsenfrüchten (z. B. gelbe oder rote Linsen), Kartoffeln, Gemüse und Obst sowie fein gemahlenen Nüssen oder Samen sollten einen festen Platz auf dem Speiseplan haben. Milchprodukte und Eier ergänzen diese Lebensmittel und sorgen u. a. für das nötige Eiweiß. Damit Kinder ausreichend Eisen aufnehmen können, wie es in Hafer, Hirse oder Hülsenfrüchten vorkommt, kombiniert man diese Lebensmittel am besten mit Vitamin-C-reichem Obst und Gemüse. Deshalb gibt es z.B. zum Vollkornbrot mit vegetarischem Linsen-Brotaufstrich einige Paprikasticks und ins Haferflockenmüsli einen Schuss Orangensaft.

Vegan in der Kita?

Erste Studien zeigen: Um die Jüngsten optimal zu versorgen, braucht es bei einer Ernährung ganz ohne tierische Lebensmittel fundiertes Fachwissen, einen genau durchdachten Speiseplan und Nahrungsergänzungsmittel. Dass eine rein vegane Ernährung gesundheitliche Risiken birgt und sich nicht für die Kita eignet, bedeutet jedoch nicht, dass darauf ganz verzichtet werden muss.

Im Aufnahmegespräch werden Essgewohnheiten abgefragt

Vegane Brotaufstriche, pflanzliche Milch- oder Joghurtalternativen und andere Gerichte ohne tierische Lebensmittel bereichern den Speiseplan und können zu einer ausgewogenen Ernährung beitragen.

5. Vielfalt als Chance

Jedes Kind bringt seine eigene Essgeschichte mit. Die Familientraditionen und Tischsitten unterscheiden sich zusätzlich, wenn Kinder aus unterschiedlichen Kulturen kommen. Vielleicht wird zu Hause mit Stäbchen oder mit einem Stück Fladenbrot und den Händen gegessen oder den Teller ersetzt eine Tajine. In einigen Kulturkreisen werden Kleinkinder früh zum selbstständigen Essen ermutigt, in anderen füttern Eltern ihr Kind teilweise bis ins Kindergartenalter. Die neuen Speisen und Essgewohnheiten können für die Jüngsten darum ungewohnt und mit Unsicherheit verbunden sein. Aber die Unterschiedlichkeit bietet auch Chancen. Durch neue Lebensmittel und Gewürze sowie durch wertvolle Gemeinschaftserlebnisse (s. PRAXISTIPP) können die Mädchen und Jungen Verschiedenheit wertschätzen lernen.

Damit pädagogische Fachkräfte alle Kinder responsiv und kultursensibel begleiten können, sollten sie wissen, welche Essgewohnheiten, Lebensmittel und Speisen das Kind bereits kennt. Kennt es bspw. überhaupt Mahlzeiten am Tisch, ist ihm Besteck vertraut oder wird es noch gefüttert? Schon im Aufnahmegespräch bietet es sich an, sensibel und wertschätzend zu erfragen, wie die Mahlzeiten zu Hause gestaltet werden. So können Fachkräfte z.B. durch einfache, dem Kind vertraute Speisen (sog. Ankerlebensmittel) den Übergang erleichtern.

PRAXISTIPP

Kulinarische Weltreise

An kaum einem anderen Ort erleben junge Kinder unterschiedliche Kulturen so sinnlich wie am Esstisch. Fachkräfte sollten darum nicht nur regionale, sondern auch landestypische Gerichte wie Hummus, Couscous-Salat oder ein mildes Curry anbieten. Bestimmt stellen die Familien gerne ihre eigenen Rezepte zur Verfügung. Besonders viel Spaß macht es, wenn dabei die jeweiligen Tischsitten übernommen werden. Das knüpft an die Ess-Erinnerungen zu Hause an und ermutigt das Kind, Neues zu probieren.

Literatur

Bertelsmann Stiftung (Hrsg.): Is(s)t KiTa gut? KiTa-Verpflegung in Deutschland: Status quo und Handlungsbedarfe. 2014. https://www.bertelsmann-stiftung.de/fileadmin/files/BSt/Publikationen/GrauePublikationen/GP_Isst_Kita_gut.pdf [10.06.2021]

Deutsche Gesellschaft für Ernährung e. V. (Hrsg.): DGE-Qualitätsstandard für die Verpflegung in Kitas. Bonn: o. A. 2020

Ministerium für Ländlichen Raum und Verbraucherschutz/aid infodienst (Hrsg.): Essen lernen in Kita und Tagespflege. Ernährungsbildung für Kleinkinder. Bonn/Stuttgart: o. A. 2012

Die vollständige Literaturliste erhalten Sie auf www.kleinstkinder.de oder auf Anfrage bei der Redaktion.

Sigrid Fellmeth

VIII. MEDIENTIPPS

1. BÜCHER & ZEITSCHRIFTEN

Essen in der Kinderkrippe
von Dorothee Gutknecht und Kariane Höhn
Herder 2017
Preis 14,99 €

Essen bildet!
von Kariane Höhn
Herder 2017
Preis 13 €

Den Tag gestalten
Praktisches Grundlagenwissen für die Kindertagespflege
Herder 2015
Preis 10 €

Essen und Ernährungsbildung in der KiTa
von Barbara Methfessel et al.
Kohlhammer 2021
Preis 42 €

Themenheft Mikrotransitionen
von Dorothee Gutknecht et al.
Herder 2021
Preis 10 €

Was Krippenkinder brauchen
von Christel van Dieken
Herder 2015
Preis 20 €

Ein Blick über den Tellerrand
von Karin Wirnsberger
Herder 2021
Preis 18 €

Urban Gardening mit Kindern
von Heide Bergmann
Herder 2021
Preis 18 €

Handbuch Kinder in den ersten drei Jahren
von Fabienne Becker-Stoll, Renate Niesel und Monika Wertfein
Herder 2020
Preis 30 €

Das Veggie-Kochbuch für die Kita
von Dagmar von Cramm
Herder 2017
Preis 20 €

Das Kindergartenkochwasbuch
von Brigitte vom Wege und Mechthild Wessel
Herder 2017
Preis 10 €

Coole Snacks für Kinderpartys
von Kati Voss
Herder 2018
Preis 10 €

Kochen mit Emma und Paul
von Monika Lehner
Don Bosco 2019
Preis 2 €

Mein allererstes Buch vom Essen
von Eric Carle
Gerstenberg 2019
Preis 7,95 €

Ixi, Mimi und das Zaubermüsli
von Felix und Miriam Neureuther
kizz in Herder 2019
Preis 15 €

2. LINKS

www.fitkid-aktion.de
Die Deutsche Gesellschaft für Ernährung stellt auf dieser Seite das Projekt *FIT Kid – Gesund essen in der Kita* vor, das Kitas bei der Umsetzung eines vollwertigen Verpflegungsangebotes unterstützt. Hier finden Interessierte wertvolle Hinweise für eine optimalen Lebensmittelauswahl, Tipps zur nachhaltigen Verpflegung und vegetarische Verpflegungskonzepte. Zusätzlich liefert eine Rezeptdatenbank vielfältige Anregungen für nährstoffoptimierte Kita-Speisepläne.

www.kita-schulverpflegung.nrw
Auf der Seite der Verbraucherzentrale Nordrhein-Westfalen bietet die Vernetzungsstelle Kita- und Schulverpflegung NRW wertvolle Tipps rund um die gesunde Kita-Küche. Highlight ist eine Rezeptesammlung von Kitas für Kitas, in der vegetarische Lieblingsrezepte zusammengetragen wurden. Ergänzt wird das Angebot durch jede Menge praktische Tipps rund um das Thema Essen in der Kita.

www.bfr.bund.de
Das Bundesinstitut für Risikobewertung bietet auf seiner Website Informationen zum Umgang mit Muttermilch in der Kita. Darüber hinaus finden sich hier Hinweise für die hygienische Zubereitung von Säuglingsnahrung.

www.bvktp.de
Das Online-Portal des Bundesverbandes der Kindertagespflege bietet eine Broschüre zu Leitlinien für eine hygienische Zubereitung von Speisen an.

www.nqz.de
Das Nationale Qualitätszentrum für Ernährung in Kita und Schule ist der zentrale Ansprechpartner auf Bundesebene für die Vernetzungsstellen Kitaverpflegung und Vernetzungsstellen Schulverpflegung.

Bewegungsimpulse für die Jüngsten

Renate Zimmer

Bewegung erleben in der Krippe

0-3 Jahre

96 Seiten | Kartoniert

€ 18,00 (D) | € 18,60 (A)

P39 1037

Kinder eignen sich die Welt im Spiel an. Bewegung ist dabei einer der Motoren für ihre Entwicklung. Dies gilt insbesondere für die ersten Lebensjahre eines Kindes. Renate Zimmer liefert in diesem Buch Bewegungsideen für drinnen und draußen, die alle Sinne ansprechen und dabei spielend leicht umzusetzen sind. Bewegungsfreude garantiert!

HERDER

www.herder.de

HERDER Pädagogik

DR. HENRIKE SCHÖNAU

Ökotrophologin und Referentin für die Konzeption und Koordination von Maßnahmen zur Qualitätsentwicklung der Ernährungsbildung im Kontext des Gute-KiTa-Gesetzes im Nationalen Qualitätszentrum für Ernährung in Kita und Schule (NQZ). Zuvor war sie von 2013 bis 2020 als akademische Mitarbeiterin am Institut für Alltagskultur, Bewegung und Gesundheit der Pädagogischen Hochschule in Freiburg u.a. in der Lehre zu ernährungswissenschaftlichen Inhalten in Theorie und Praxis tätig.

DÖRTE WEHMÖLLER

Diplom-Ökotrophologin und freie Redakteurin für das Nationale Qualitätszentrum für Ernährung in Kita und Schule (NQZ). Die Fachjournalistin für Ernährung und Gemeinschaftsgastronomie ist Expertin für Kita- und Schulverpflegung mit langjähriger Praxiserfahrung.

KATHARINA NAEGELE

Diplom-Sozialpädagogin, Supervisorin DGSv, PEKiP-Gruppenleitung, TZI-Zertifikat, Train-the-Trainer-QHB, seit 2016 Geschäftsleitung Familienzentrum Bensheim e.V. Nach ihren Tätigkeiten bei der Lebenshilfe e. V. Worms war sie am Jugendamt Wuppertal tätig. Sie arbeitete danach als Fachberatung in der Kindertagespflege und in der Qualifikation nach dem QHB in der Kindertagespflege. Als Geschäftsleiterin des Vereins Familienzentrum Bensheim e. V. ist sie heute u.a. zuständig für sechs Kindertagesstätten, die Organisation der Kindertagespflege sowie für die Angebote in der Familienbildung.

SIGRID FELLMETH

Diplom-Ökotrophologin, spezialisiert auf den Bereich Kinderernährung, Ernährungsbildung und Gesundheitsförderung/Prävention. Als selbstständige Ernährungswissenschaftlerin ist sie in der Fortbildung von pädagogischen Fachkräften tätig, hält Vorträge und Seminare zum Thema Kinderernährung und entwickelt Ernährungsprojekte für Krippen und Kitas. Sie begleitet Kitas praxisnah bei der Zertifizierung zu einer ernährungsbewussten Einrichtung und ist Fachautorin.

ANDREA MAIER-NÖTH

Doktor der Gesundheitspsychologie, Ernährungswissenschaften und Sensorik in Frankreich, Bachelor (Neuseeland) sowie Master in Lebensmitteltechnologie und Ernährungswissenschaften in den USA. Professur an der Hochschule in Albstadt-Sigmaringen, wissenschaftliche Fachberaterin im Bereich Gesundheitspsychologie und Ernährung für Kinder. Schwerpunkt ihrer Expertise bildet das Thema „Gesundes und genussvolles Essen bei Kleinkindern mit einem interkulturellen Forschungsschwerpunkt". Die Wissenschaftlerin hat sich viele Jahre intensiv mit dem Gebiet der frühkindlichen Geschmacksprägung auseinandergesetzt – hier v.a. mit deren Einfluss auf ein langfristig gesundes Essverhalten.

ANGELIKA HILLER

Ausbildung zur Diätassistentin, anschließend Ernährungsberaterin im Krankenhaus und Tätigkeit in der Diätküche. Instruktorin für gesundheitsorientiertes Krafttraining. Seit 2007 im Kita-Bereich als Köchin tätig, ab 2014 Hauswirtschafterin bei den Polifant-Kindertagesstätten in Stuttgart. Seit 2019 hauswirtschaftliche Leitung der Kindertagesstätte in Ditzingen. Seit 2021 hauswirtschaftliche Gesamtleitung für alle Polifant-Einrichtungen in Stuttgart und Ditzingen.

Kleinstkinder in Kita und Tagespflege

Der *Kleinstkinder* Newsletter

- Kostenlos abonnieren
- Erscheint zu jeder Heft-Ausgabe
- Bietet Inhalte und Praxisimpulse rund um das Heftthema, Buchtipps oder Gewinnspiel-Hinweise
- Jederzeit abbestellbar

Jetzt anmelden unter:
www.kleinstkinder.de/newsletter

IMPRESSUM

„Ernährungsbildung für die Jüngsten" ist ein Themenheft der Zeitschrift „Kleinstkinder in Kita und Tagespflege – die Fachzeitschrift für Ihre U3-Praxis"

ISSN 1867-5360
ISBN 978-3-451-01069-9
ISBN (digital) 978-3-451-82465-4

Verlag Herder GmbH
Hermann-Herder-Str. 4
79104 Freiburg
E-Mail: redaktion@kleinstkinder.de
www.kleinstkinder.de

Redaktion
Ulrike Fetzer (ufe)
Chefredakteurin, verantw.

Iris Erbach (ier)
Katrin Imbery (kim)
Anja Kunz (aku)
Daniela Picco (dpi)

Redaktionsbeirat
Prof. Dr. Dorothee Gutknecht, Maren Kramer

Titelfoto: Harald Neumann

Bestellung und Abonnement
Mo. – Fr. 9.00 – 17.00 Uhr
Telefon: 0761 2717-379, Fax: 0761 2717-360
E-Mail: aboservice@herder.de

Anzeigenleitung
Bettina Haller
Verlag Herder GmbH
Hermann-Herder-Str. 4
79104 Freiburg
Telefon: 0761 2717-456
haller@herder.de

Grafikumsetzung und -gestaltung
Röser MEDIA GmbH & Co. KG, Karlsruhe
www.roeser-media.de

Grafikentwicklung
Anja Schmidt Design, Freiburg
www.anjaschmidtdesign.de

Druck
RCDRUCK GmbH & Co. KG
www.rcdruck.de

Gedruckt auf chlorfrei gebleichtem Papier.

Alle Rechte vorbehalten.

© Verlag Herder GmbH,
Freiburg im Breisgau 2021

Haftungsausschluss
Alle Ratschläge und Hinweise in diesem Themenheft wurden sorgfältig recherchiert und in der Praxis erprobt. Sofern in unseren Angeboten Kleinteile verwendet werden, weisen wir darauf hin, dass Kinder unter drei Jahren bei Nutzung dieser Angebote einer kontinuierlichen Beaufsichtigung bedürfen. Bitte beachten Sie, dass weder Autoren, die Redaktion noch der Verlag für eventuelle Nachteile oder Schäden, die aus den in der Zeitschrift angegebenen Hinweisen resultieren, jegliche Haftung übernehmen.

Redaktioneller Hinweis
Zur besseren Lesbarkeit verwenden wir bei Personenbezeichnungen keine Doppelformen, sondern nur die weibliche oder die männliche Form. Gemeint sind immer alle Geschlechter.